LA FACE CACHÉE
DE LA *PERESTROÏKA*

MONIQUE GIGUÈRE

LA FACE CACHÉE DE LA *PERESTROÏKA*

1990
Presses de l'Université du Québec
Case postale 250, Sillery, Québec G1T 2R1

Couverture : Sylvie BERNARD

La couverture présente
les trois têtes d'affiche actuelles en URSS :
au centre, Mikhaïl Gorbatchev;
à droite, Boris Eltsine, le leader des réformistes;
et à gauche, Egor Ligatchev
à la direction des conservateurs.

ISBN 2-7605-0575-8

Dépôt légal – 2e trimestre 1990
Bibliothèque nationale du Québec
Bibliothèque nationale du Canada
Imprimé au Canada

Table des matières

Préface

Lorsque, à l'hiver de 1989, le journal Le Soleil *a élaboré, de concert avec l'agence de presse Novosti, le projet de réaliser un grand reportage d'un mois en Union soviétique, nous étions loin d'imaginer l'ampleur des bouleversements qu'allaient vivre dans les mois suivants l'empire soviétique et son faisceau de satellites.*

Tour à tour, l'espace d'un automne, les citoyens du monde verraient s'écrouler régime sur régime dans la Hongrie de Kadar, dans l'Allemagne orientale de Honecker, dans la Tchécoslovaquie de Husak, dans la Roumanie de Ceaucescu...

Cette vague de fond qui a bouleversé l'équilibre européen d'après-guerre n'aurait sans doute jamais déferlé si, en Union soviétique même, Mikhaïl Gorbatchev n'avait amorcé en 1985 une révolution intérieure aux conséquences encore incalculables.

Dans la foulée de la glasnost *et de la* perestroïka*, l'empire des soviets — jadis bourreau des mouvements d'émancipation polonais, hongrois ou tchécoslovaque — renversait les rôles. C'est de Moscou que viendraient dorénavant les mots d'ordre d'une nouvelle politique de libéralisation, de démocratisation socialiste, de restructuration économique.*

Depuis, la machine s'est emballée. L'Union soviétique des nationalités s'est éveillée et, aujourd'hui, un Gorbatchev menacé sur sa droite comme sur sa gauche doit composer avec des Baltes se démarquant du Kremlin ; avec des Arméniens épris d'autonomie ; avec des Azéris qui rejettent la férule moscovite.

C'est ce monde de bouleversements que la journaliste Monique Giguère a pressenti, dans un périple qui l'a menée d'Ukraine en Lituanie, de Russie en Arménie. Avec curiosité et discernement, elle a vu et connu les peuples soviétiques. Elle a rencontré des dizaines de représentants de toutes les couches de la société. Elle a éclairé les lecteurs du Soleil *sur des problèmes qu'elle a fort bien su cerner. Dans un style journalistique de qualité, Monique Giguère a entrouvert les portes de l'assemblage de pays et de nations qui constituent l'Union soviétique.*

Ce voyage de la Baltique à la Caspienne, je vous invite à le partager avec le même plaisir que celui qui fut mien lorsque, l'été dernier, j'ai eu le privilège de lire les premières épreuves de ce qui devait devenir un des grands reportages de 1989.

Le directeur de l'information,
Denis ANGERS

29 janvier 1990

Avant-propos

Le monde vit aujourd'hui ce qu'il est convenu d'appeler une « accélération de l'histoire ». Depuis l'élection de Mikhaïl Gorbatchev au poste de secrétaire général du Parti communiste d'Union soviétique le 11 mars 1985 et la mise en place, dans les mois qui ont suivi, de sa politique de *perestroïka* et de *glasnost*, les événements se sont précipités.

Le 26 mars, l'URSS tenait ses premières « vraies » élections depuis 1917 en portant au pouvoir un nouveau Congrès des députés du peuple ; le 18 juin, en Pologne, l'Opposition, dépassant les prévisions de Solidarité, raflait tous les sièges non réservés aux communistes à la Diète et au Sénat ; le 7 octobre, en Hongrie, le Parti communiste se sabordait. Dans le même temps, en République démocratique allemande (RDA), des dizaines de milliers d'Allemands de l'Est, dans un exode sans précédent, fuyaient leur pays et passaient à l'Ouest, tandis que le numéro un est-allemand, Erick Honecker, réputé indélogeable, était limogé et le 9 novembre, à la stupéfaction du monde entier, le mur de Berlin tombait et les frontières s'ouvraient entre les deux Allemagnes. Depuis, la Bulgarie, la Tchécoslovaquie et la Roumanie ont emboîté le pas ; seule l'Albanie résiste encore au vent de changement qui balaie l'Europe de l'Est.

La situation évolue à un rythme frénétique où les coups de théâtre se succèdent sans désemparer. Personne n'ose plus risquer le moindre pronostic. On raconte à ce sujet que, lors de sa visite à Varsovie en juillet dernier, des personnes bien informées auraient dit au président américain, George Bush, qu'on pouvait envisager la mise en place d'un gouvernement non communiste en Pologne d'ici deux à trois ans. Six semaines plus tard, le 24 août, un catholique issu de Solidarité et ancien prisonnier politique, Tadeusz Mazowiecki, était élu premier ministre à la quasi-unanimité de la Diète et formait, le 12 septembre, le premier gouvernement non communiste d'un pays de l'Est. Pris de court par cette nouvelle à peine rentré à Washington, George Bush en aurait eu le souffle coupé.

L'expérience du président Bush n'est pas unique. Ce fut aussi le cas pour *Le Soleil* en ce qui concerne l'Ukraine, deuxième république en importance après la Russie quant au nombre d'habitants. Au début d'août, l'Ukraine était considérée en URSS comme un bastion du conservatisme, adversaire de la *perestroïka*, et son numéro un, Vladimir Chtcherbitski, comme l'un des hommes forts et intouchables du régime. Pourtant, le 20 septembre, contre toute attente, Chtcherbitski était exclu du Bureau politique du Parti communiste soviétique par Gorbatchev et une semaine plus tard, le 28 septembre, il était forcé de démissionner de son poste de secrétaire général du Parti communiste ukrainien.

C'est donc en tenant compte de l'évolution des événements, d'une situation infiniment fluide et mouvante, que doivent être lus les reportages sur l'Union soviétique qui sont comme une photographie du pays prise entre le 15 juillet et le 15 août 1989.

Le voyage du *Soleil* en URSS, il est bon de le rappeler, a été fait à l'invitation de l'agence de presse officielle Novosti. Pendant un mois, en compagnie d'un collègue de la presse soviétique, la journaliste Monique Giguère a sillonné la partie européenne de l'Union et visité les républiques d'Estonie, de Lituanie, d'Ukraine, d'Arménie et de Russie. La quarantaine d'entrevues, organisées par l'agence, se sont déroulées dans un climat de confiance, de liberté et de totale franchise.

L'accueil réservé par l'agence de presse soviétique Novosti au *Soleil* a été des plus chaleureux. Aucune méfiance, aucune contrainte ni aucune gêne. Bref, faire du journalisme en Union soviétique n'a été en rien différent d'exercer ce métier au Québec. Mais pour un reporter, se trouver en Union soviétique au moment d'un virage historique, cela constitue une expérience unique.

Introduction

- La moitié de l'Europe
- le tiers de l'Asie
- de 110 à 120 peuples et ethnies
- 130 langues
- cinq alphabets
- 11 fuseaux horaires
- et deux grandes religions, le christianisme et l'islamisme, toujours vivantes malgré l'athéisme officiel de l'État.

Voilà l'Union soviétique, véritable mosaïque de nationalités et dernier empire multiculturel à subsister 30 ans après la grande vague de décolonisation qui a déferlé sur le monde au tournant des années 1960.

L'URSS est le plus grand État du monde pour la superficie et le troisième pour la population, après la Chine et l'Inde. Le pays occupe en effet le sixième des terres habitées de la planète et sa population frôle les 300 millions d'habitants. Des 15 républiques fédérées qui composent l'Union, c'est la Russie qui est la plus vaste et la plus populeuse. Avec 17 millions de kilomètres carrés, elle couvre à elle seule plus des trois quarts du territoire soviétique et sa population représente la moitié de la population totale.

En nombre d'habitants, elle est suivie dans l'ordre par l'Ukraine qui en compte 50 millions, l'Ouzbékistan, 19 millions, le Kazakhstan, 16 millions et la Biélorussie, 10 millions ; l'Estonie est la plus petite des républiques.

Fondée en décembre 1922, l'Union des républiques socialistes soviétiques ne comptait, à sa création, que quatre républiques fédérées, soit la Russie, l'Ukraine, la Biélorussie et la Transcaucasie qui regroupait alors l'Azerbaïdjan, l'Arménie et la Géorgie redevenues depuis des républiques fédérées indépendantes. Aux quatre républiques originelles de 1922 se sont ajoutées en 1924 l'Ouzbékistan et la Turkménie; en 1929, le Tadjikistan ; en 1936, le Kazakhstan et la Kirghizie ; et en 1940 la Moldavie, la Lituanie, l'Estonie et la Carélie. Cette dernière a perdu en 1956 son statut de république fédérée pour devenir une république autonome à l'intérieur de la Russie. Dernières à se voir intégrées à l'empire soviétique à l'aube de la Deuxième Guerre mondiale, les républiques baltes remettent ouvertement en question depuis un an la légalité de leur annexion décidée secrètement par Hitler et Staline et scellée par le pacte de non-agression germano-soviétique de 1939.

Mais l'empire russe n'est pas né en décembre 1922 avec l'Union des républiques socialistes soviétiques, cinq ans après la Révolution d'octobre. Il existait bien avant. En fait, il existait depuis déjà trois siècles et demi. Si l'acte de naissance de l'État russe peut être daté approximativement de 860, l'empire, lui, est né sept siècles plus tard autour de 1560 sous Ivan le Terrible qui conquit Kazan, la capitale Tatare et ajouta la Sibérie au royaume de Russie, triplant ainsi la superficie de son pays.

Au cours des trois siècles qui suivirent jusqu'à octobre 1917, la Russie connut deux autres grands bâtisseurs d'empires : Pierre le Grand, qui créa la nouvelle Russie et fonda, en 1703, Saint-Pétersbourg devenu Leningrad, et Catherine II, qui, à la fin du XVIIIe siècle, recula les frontières nationales jusqu'au Niémen, au Dniestr et à la mer Noire.

Contrairement à ce qu'on pourrait penser, le pouvoir policier comme l'appareil bureaucratique ne sont pas des inventions des communistes : c'est sous Ivan le Terrible que la première police secrète, ancêtre du KGB, a vu le jour en Russie et sous Pierre le Grand qu'est née l'organisation bureaucratique, le *tchin*, encore renforcée par Catherine II et Paul Ier.

Fils de la grande Catherine, Paul Ier poussa encore plus loin que ses prédécesseurs l'autocratisme. Non seulement interdit-il pour l'avenir le règne des femmes, mais il établit une censure rigoureuse sur le théâtre et la littérature, défendit l'entrée des livres et de la musique d'Europe occidentale et rappela les Russes qui voyageaient ou étudiaient à l'étranger. Après l'échec des Décembristes en 1825, premier mouvement révolutionnaire pour renverser le régime tsariste, la répression s'accentua encore sous Nicolas Ier qui interdit de quitter la Russie sans l'autorisation de l'empereur, de recevoir des journaux et des livres étrangers, et d'abjurer, sous peine de travaux forcés, la religion orthodoxe. Dans une lettre publiée en 1836, l'écrivain Tchadaev écrivait déjà : « Le passé de la Russie est vide, son état présent insupportable, son avenir sans issue. »

Quand Lénine naît le 10 avril 1870, c'est Alexandre II qui est au pouvoir : celui qui, neuf ans plus tôt, a aboli le servage par l'ukaze du 19 février 1861. Assassiné après sept attentats manqués le 1er mars 1881, il est remplacé sur le trône par son fils, Alexandre III, autocrate « inébranlable », ennemi de l'instruction des masses et fondateur de la police politique, l'Okhrana. Vers la même époque, le marxisme fait son apparition en Russie. L'heure de Lénine va bientôt sonner. C'est lui qui, en 1903, prendra la direction du parti bolchevik, soit deux ans avant la révolution de 1905 écrasée par Nicolas II.

Mais déjà l'empire des tsars est condamné. La révolution éclate de nouveau le 14 février 1917 avant même la fin de la Première Guerre mondiale. Le 2 mars, Nicolas II abdique. Jusqu'en octobre, le pays sera administré par un gouvernement provisoire, dont l'une des figures dominantes, Alexandre Kérenski, prendra la direction à partir de juillet. Le 25 octobre, c'est l'assaut final et la victoire des bolcheviks. Après trois ans de guerre civile, l'empire soviétique succède à l'empire des tsars ; il dure depuis ce jour, mais sans avoir réussi à remplir sa promesse d'une société égalitaire et sans classes.

Comme leurs prédécesseurs, les tsars, les dirigeants communistes établissent la dictature, créent leur armée et leur police secrète, la Tcheka, à laquelle succédera le redouté KGB.

Les Soviétiques ont bien raison. Ils n'ont jamais connu la démocratie. En 1917, ils sont passés de la dictature des tsars à la dictature de l'appareil du Parti communiste. La *glasnost* de Mikhaïl Gorbatchev, ce n'est qu'un début. Un début de libéralisation, mais pas encore la démocratie.

L'expansion du territoire

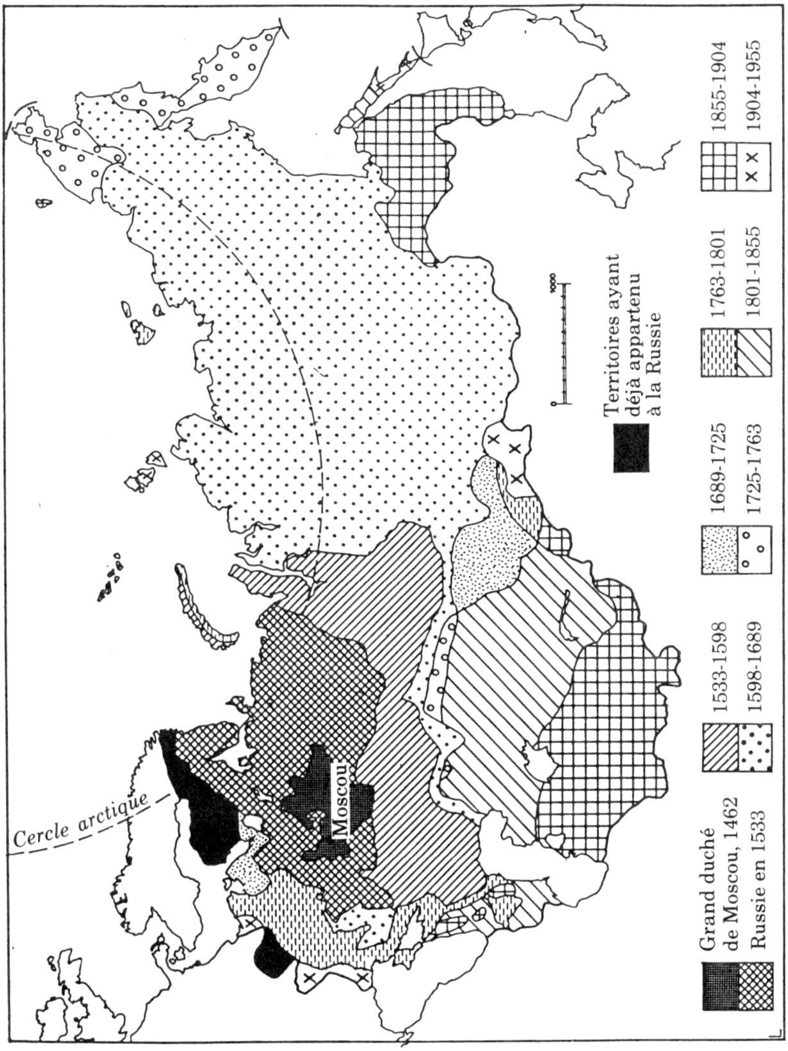

Structure nationale de la population de l'URSS (d'après le recensement du 17 janvier 1979) en milliers de personnes

Ensemble de la population	262 085	Oudmourtes	714
Russes	137 397	Mariis	622
Ukrainiens	42 347	Ossètes	542
Ouzbeks	12 456	Coréens	389
Biélorusses	9 463	Bulgares	361
Kazakhs	6 556	Bouriates	353
Tatars	6 317	Grecs	344
Azerbaïdjanais	5 477	Yakoutes	328
Arméniens	4 151	Komis	327
Géorgiens	3 571	Kabardas	322
Moldaves	2 968	Karakalpaks	303
Tadjiks	2 898	Ouïghours	211
Lituaniens	2 851	Tziganes	209
Turkmènes	2 028	Ingouches	186
Allemands	1 936	Gagaouz	173
Kirghiz	1 906	Hongrois	171
Juifs	1 811	Touvins	166
Tchouvaches	1 751	Nationalités du Nord	158
Nationalités du Daghestan	1 657	Komis-Permiaks	151
Lettons	1 439	Kalmouks	147
Bachkirs	1 371	Caréliens	138
Mordves	1 192	Karatchaïs	131
Polonais	1 151	Roumains	129
Estoniens	1 020	Kurdes	116
Tchétchènes	756	Adyghés	109
Turcs	93	Tcherkesses	46
Abkhazes	91	Perses	31
Finnois	77	Abazins	29
Khakasses	71	Assyriens	25
Balkars	66	Tates	22
Altaïens	60	Chtchorts	16
Dounganes	52	Autres nationalités	136

Républiques fédérées soviétiques

Républiques	Capitales	Territoire (en milliers de km^2)	Population (en milliers de personnes) au 1er janvier 1987
URSS	Moscou	22 402,2	281 677
Fédération de Russie	Moscou	17 075,4	145 320
Ukraine	Kiev	603,7	51 211
Biélorussie	Minsk	207,6	10 082
Ouzbékistan	Tachkent	447,4	19 013
Kazakhstan	Alma-Ata	2 717,3	16 227
Géorgie	Tbilissi	69,7	5 272
Azerbaïdjan	Bakou	86,6	6 808
Lituanie	Vilnius	65,2	3 641
Moldavie	Kichinev	33,7	4 190
Lettonie	Riga	63,7	2 648
Kirghizie	Frounzé	198,5	4 141
Tadjikistan	Douchanbé	143,1	4 805
Arménie	Erévan	29,8	3 410
Turkménie	Achkhabad	488,1	3 352
Estonie	Tallinn	45,1	1 557

Royaume-Uni
Norvège
Suède
Finlande
RFA
RDA
Tché.
Pologne
Hongrie
Roumanie
Tallin
Riga
Vilnius
Minsk
MOSCOU
Kiev
Kichinev
Kazan
MER NOIRE
Turquie
Tbilissi
Kichinev
Bakou
Irak
MER CASPIENNE
MER D'ARAL
Iran
Achkhabad
Tachkent
Duchambe
Frounze
Alma-Ata
Afghanistan
Pakistan
Inde
Chine
Mongolie
LAC BAÏKAL
KHABAROVSK
MER D'OKHOTSK
Chine
Corée Nord
Corée Sud
Japon
1. Russie
2. Ukraine
3. Biélorussie
4. Estonie
5. Lettonie
6. Lituanie
7. Arménie
8. Géorgie
9. Azerbaïdjan
10. Kazakhstan
11. Kirghizie
12. Turkménie
13. Uzbekistan
14. Tadjikistan
15. Moldavie

Du mensonge à la vérité crue

Baissé par Staline au lendemain de la Deuxième Guerre mondiale sur toute l'Europe de l'Est, de la Baltique à l'Adriatique, le rideau de fer, sous l'impulsion de Mikhaïl Sergueevitch Gorbatchev, se lève aujourd'hui sur un spectacle déroutant. Le décor est fatigué et les acteurs sont épuisés. Soixante-douze ans de socialisme ont engendré le chaos et la pauvreté. Au terme de ce siècle qui s'est ouvert avec la grande Révolution d'octobre 1917, l'Union soviétique se retrouve à des années-lumière du bonheur promis aux prolétaires.

L'étonnant, c'est l'éclairage cru et trop direct que les Soviétiques projettent sur leurs échecs. Ils ne cherchent plus à cacher la vérité. Bien au contraire, ils étalent leurs erreurs avec une sorte d'impudeur, une franchise désarmante et parfois même brutale. En quatre ans de *perestroïka*, ou de restructuration de l'État, l'Union soviétique a désappris la langue de bois.

Le phénomène est renversant. La *glasnost*, ce désir d'ouverture qui succède à la vieille obsession propagandiste, frappe en plein visage l'étranger fraîchement débarqué en sol communiste. Hier encore ennemis jurés, Soviétiques et Occidentaux devisent et débattent aujourd'hui librement, en pleine rue de Moscou, des mérites comparés du socialisme et du capitalisme. Le miracle dont l'humanité avait presque fini par désespérer s'est opéré. Après un demi-siècle d'hostilité et de guerre froide, par-delà des régimes antagonistes dont chacun a cherché la perte de l'autre, l'Est et l'Ouest se rapprochent, se retrouvent.

L'ère du mensonge est bien révolue. Du député du peuple au simple citoyen, de l'*apparatchik* au petit fonctionnaire, de l'intellectuel au prolétaire, de Gorbatchev à Ivanov, un nombre fascinant de Soviétiques parlent aujourd'hui le langage de la vérité. Sans réserve et sans détour, ils débitent avec des mots souvent terriblement durs et cassants les méfaits de la dictature du parti unique comme autrefois ils en louaient les bienfaits.

Au cours d'entrevues réalisées dans cinq républiques soviétiques avec une quarantaine de personnalités, les critiques les plus sévères ont été énoncées sur le régime communiste décrit sans ménagement par certains comme « 70 ans de vide ».

« Nous avons honte »

« La collectivisation des terres a détruit notre agriculture, c'est la collectivisation qui est responsable de ce que le pays n'a plus rien à manger. »

« Le système socialiste a fait des travailleurs des voleurs et des filous. »

« L'hypocrisie fait partie des mœurs politiques, c'est ce qui caractérise le mieux le style de gouvernement communiste. »

« Le collectivisme, c'est l'oppression de l'individu par le groupe. »

« Le bloc de l'Est craque de partout, la Hongrie et la Pologne ont déjà déserté le camp socialiste. »

« Le système à un seul parti, on en a fait l'expérience et on en voit les conséquences, maintenant il faut essayer le multipartisme. »

« Le communisme, c'est un flop historique, c'est fini. »

Voilà autant de jugements définitifs et sans appel qu'aucun Occidental n'oserait énoncer de façon aussi verte et catégorique. « Nous avons honte d'entreprendre le XXIe siècle dans la misère et la pauvreté », déclare à sa résidence d'Erevan, en Arménie, l'écrivain Karen Simonian élu le 26 mars au premier Congrès des députés du peuple de l'URSS. «Si on n'avait pas levé le rideau de fer, si on n'avait pas libéralisé le régime, nous serions peut-être déjà morts d'asphyxie», lance pour sa part un autre député du peuple de l'URSS, Mikhaïl Poltoranine, ancien rédacteur en chef de la *Pravda* de Moscou.

Glasnost n'est pas synonyme de démocratie

Dans toutes les conversations, les dates charnières qui ont conduit le pays au bord de l'abîme reviennent comme des leitmotive.

1924, mort de Lénine; Staline s'installe au pouvoir.

1927, collectivisation forcée de l'agriculture; les *koulaks* sont dépossédés de leurs terres et les récalcitrants exilés en Sibérie.

1936, Staline consacre dans une nouvelle constitution la victoire du socialisme en URSS.

De 1930 à 1950, la terreur bat son plein; c'est l'époque du Goulag *, des grandes purges, des déportations, des appels à la dénonciation. Les Soviétiques se muent en un peuple de délateurs, de sycophantes. Trente millions de personnes disparaissent, assassinées ou mortes d'épuisement et de privations, dans les camps.

1939, signature du pacte Ribbentrop-Molotov; Hitler et Staline se partagent l'Europe.

1941, la «grande guerre nationale» mobilise toutes les forces vives du pays.

1953, mort de Staline. Le peuple pleure son bourreau; 10 000 personnes périssent piétinées aux obsèques du tyran.

1964, fin de l'intermède khrouchtchevien; la stagnation s'installe pour 18 longues années sous Brejnev; à sa mort en 1982, le pays est à un an de la réhabilitation de Staline.

Chaque date marque un jalon vers la catastrophe. Aujourd'hui, comme pour exorciser les vieux démons et conjurer

---

* Goulag — Sigle qui signifie direction générale d'administration des camps.

tout retour au passé, les Soviétiques font l'apprentissage de la liberté à la faveur de la *glasnost*. Avenue Nevsky, à Leningrad, devant la cathédrale de Kazan transformée par les communistes en musée de l'athéisme, trois jeunes chansonniers protestent contre un décret du soviet municipal de Leningrad interdisant les rassemblements dans cette artère la plus achalandée de la ville fondée par Pierre le Grand. À Kaunas, ancienne capitale de la Lituanie, les dépouilles, rapatriées de Sibérie, de Lituaniens morts en exil reçoivent d'émouvantes funérailles nationales. La même cérémonie se déroule simultanément dans une demi-douzaine de villes lituaniennes. À Vilnius, le Musée d'ethnographie offre une exposition à la mémoire des victimes des déportations sous Staline et une autre exposition à trois ou quatre kilomètres de là, se paie la tête du dictateur dans des collages à la Prévert. À Vilnius encore, une femme fait signer une pétition dénonçant le pacte Ribbentrop-Molotov dont un protocole secret a permis l'annexion par l'URSS, en 1940, des trois États baltes : l'Estonie, la Lettonie et la Lituanie. À Moscou, le 18 juillet, le Bloc démocratique tient une assemblée politique au petit stade du Complexe olympique et lance le premier numéro de son journal indépendant *Vie nouvelle*.

De telles manifestations ne se sont jamais vues en URSS. Les gens n'ont pas l'habitude. Leur curiosité piquée, ils approchent timidement et prêtent l'oreille. Non, les jeunes protestataires ne sont pas marteaux. Les couplets et les harangues sont de circonstance et pleins de bon sens. Le nombre des sympathisants augmente, devient attroupement.

La liberté est une chose qui ne s'apprend pas du jour au lendemain. « L'éternel drame de la Russie, de la Révolution à aujourd'hui, commente un Moscovite, c'est l'absence de choix. En 1917, le pays est passé de la dictature des tsars à celle du Parti communiste. L'URSS n'a jamais connu la démocratie. Ce qu'il nous faut, c'est un gouvernement comme tout le monde, avec des choix et des solutions de rechange. »

Or des solutions de rechange, il n'y en a pas en Union soviétique. Si la *glasnost* permet la liberté d'expression, elle n'a encore rien changé au rôle dirigeant et exclusif du Parti communiste dans la vie du pays. *Glasnost* et démocratie ne riment pas encore. Beaucoup s'en faut.

Les fruits amers de la *perestroïka*

À Washington, Londres, Paris ou Ottawa, le mot *perestroïka* s'écrit en lettres magiques. C'est la réconciliation inespérée de l'Est avec l'Ouest, le sésame qui ouvre la voie à un nouvel ordre mondial dépourvu de méfiance et de tensions. En URSS, le même mot s'écrit en lettres creuses et dramatiquement vides. Il se traduit en demi-mesures, pénuries, frustrations et une baisse constante du niveau de vie.

Ce n'est pas ce que les étrangers pensent de la *perestroïka* qui est important, disent les Soviétiques, c'est ce qui se passe ici. Or depuis cinq ans, loin de s'améliorer, la situation économique du pays s'est aggravée. Les comptoirs d'alimentation offrent de moins en moins de produits et les magasins, avec leur marchandise de piètre qualité et leurs vêtements démodés, ressemblent de plus en plus à des comptoirs d'Emmaüs ou des vestiaires de l'Armée du salut.

Le rationnement de la viande, du lait et du beurre, qui sévit depuis 15 ans en Sibérie, gagne toutes les républiques. À Moscou, on a commencé à distribuer des coupons pour la viande et, selon la rumeur, d'ici quelques mois une vingtaine de produits seront rationnés. En Arménie, le beurre, le sucre et le café sont distribués au compte-gouttes depuis deux ans.

La pénurie s'étend à tous les produits. Partout, les files d'attente s'allongent. Les Soviétiques font la queue des heures durant pour un morceau de savon ou une boîte de détergent devenus pratiquement introuvables, des allumettes, des lames de rasoir, des collants, de la vodka. Sans parler du papier hygiénique dont on a appris à se passer. Une cliente interrogée au grand magasin Ukraine de Kiev déclare que, s'il est normal de faire la queue pendant deux ou trois heures chaque jour simplement pour se nourrir, on peut attendre jusqu'à 12 heures quand un article difficile à trouver fait soudainement son apparition sur le marché.

Des salaires insuffisants

Le pire, c'est que les prix fixés par l'État ne tiennent compte ni de la qualité des produits ni des salaires. Une paire de souliers coûte entre 40 et 50 roubles (75 $ à 90 $), des bottes de femmes entre 100 et 140 roubles (180 $ à 250 $), un ameublement complet 2 000 roubles (3 600 $), une Lada 10 000 roubles (18 000 $). Par rapport à un salaire mensuel moyen de 200 à 220 roubles (360 $ à 400 $), ces prix sont astronomiques.

En Union soviétique, une infirmière, un jeune ouvrier et un enseignant commencent sur le marché du travail à 125 roubles par mois (225 $). Un mineur fait entre 300 et 500 roubles par mois (540 $ à 900 $) et un professeur d'université 450 (800 $). « La situation salariale des intellectuels est très dégradée », soupire le professeur Vladimir Kamaev qui, en sa qualité de titulaire de la chaire d'économie à l'Université technique de Moscou, touche 500 roubles par mois (900 $), ce qui est beaucoup moins bien payé qu'un chauffeur d'autobus sur long parcours qui en gagne 700 (1 260 $). « Les salaires des professeurs n'ont pas bougé depuis 25 ans. On s'attend à un ajustement de 10 à 15% d'ici décembre. »

Corruption

Pas étonnant dans ces circonstances que la corruption s'étende à plusieurs métiers ou professions. Un chauffeur de taxi, qui conduit une voiture d'État, refuse de vous laisser monter à moins que vous ne soyez disposé à payer deux ou trois fois le prix normal de la course. Pour éviter de faire la queue devant les rares restaurants ou se faire dire que la salle est réservée pour « service spécial », un billet de 10 roubles réalise parfois des miracles.

Presque partout, pour échapper aux queues ou obtenir un service quelconque, il faut soudoyer les gens. « Chacun fait son petit business privé avec les moyens publics », déplore un Moscovite. Un pourboire de 500 roubles fera grimper votre nom en tête de liste des gens qui attendent depuis cinq ou six ans pour se procurer une Lada ou une Volga. Le jour où vous vous asseyez enfin au volant de votre véhicule, on vous en offrira aisément 30 000, soit le triple de ce que vous avez payé. Les stations-service, quant à elles, sont de vraies boutiques de luxe où il faut prendre rendez-vous six mois à l'avance. Nécessité faisant loi, aucun propriétaire de voiture en URSS ne peut se permettre de rouler sans savoir bricoler un moteur ou réparer une crevaison.

Le service en général est une notion inexistante en pays socialiste. Maîtres d'hôtel, garçons et filles de table, réceptionnistes, caissières, vendeuses, femmes de chambre, chefs de wagon sont autant de petits tsars ou tsarines qui vous répondent si ça leur chante et à condition que vous montriez patte blanche.

La seule façon d'obtenir un peu de service est par le biais des coopératives. Mais là, il faut s'attendre à payer quatre, cinq et même six fois le prix d'État. Le citoyen moyen ne pouvant s'offrir pareil luxe, les coopératives, pourtant un premier pas vers l'économie de marché, baissent un peu plus chaque jour dans l'estime du monde ordinaire.

Pénurie de logements

Un secteur échappe cependant à l'inflation : l'habitation. Les loyers en Union soviétique n'ont pas bougé depuis 60 ans. Calculé à raison de 13 kopecks le mètre carré, il en coûte 10 roubles (environ 18 $) par mois pour un deux-pièces (cuisine–salle de bains), eau chaude et électricité comprises, et 15 roubles pour un trois-pièces. Tout le monde conviendra sans peine que ce sont là les plus bas loyers au monde. Sauf que les logements adéquats manquent cruellement. On vit à trois dans un deux-pièces et à cinq dans un trois-pièces. Deux millions de Moscovites sur les dix que compte la capitale vivent encore aujourd'hui dans des appartements communs, une famille partageant la cuisine et la salle de bains avec deux ou trois autres. Jusqu'à 22 ou 23 familles dans le passé pouvaient se partager dix petites pièces et une demi-douzaine de cuisinières. Mais en URSS comme ailleurs, il existe une solution pour ceux qui ont des sous : le logement coopératif. Un trois-pièces peut devenir votre propriété pour 12 000 roubles (21 500 $) et un studio pour 7 000 (12 500 $).

Logements exigus, salaires de famine, pénuries de tous genres, queues, tel est le lot quotidien des Soviétiques dont 140 millions sur 290 vivent plus ou moins sous le seuil de la pauvreté. Et la *perestroïka*, jusqu'ici loin de soulager la misère populaire, n'a réussi qu'à rendre plus aiguës et plus insoutenables encore toutes ces petites et grandes frustrations.

Gorbatchev n'est pas prophète en son pays

L'homme d'État le plus populaire de la planète depuis John F. Kennedy, acclamé par des « Gorby, Gorby », partout dans le monde, n'est pas prophète en son pays. Pour les Soviétiques, Mikhaïl Sergueevitch Gorbatchev n'est ni unique ni extraordinaire. Apparatchik de naissance, élevé dans le sérail du Parti communiste, il est un pur produit du régime qui a réussi à se propulser au premier rang en gravissant un à un les échelons du pouvoir.

« S'il n'y avait pas eu Gorbatchev, on aurait eu Petrov, Ivanov, Sidorov », lance négligemment le député fédéral Mikhaïl Poltoranine, un des leaders du groupe interrégional récemment fondé à Moscou qui représente les intérêts de la minorité radicale de gauche. « Dans un an, Gorbatchev ne sera plus là, prédit-il. Et j'ai peur d'être décapité avec lui. »

Bien que défendant chacun des idées souvent assez éloignées, le char de la gauche radicale en URSS se trouve fatalement attaché à celui des progressistes de Gorbatchev. Si l'actuel numéro un soviétique devait être renversé, il entraînerait forcément dans sa chute toute la gauche radicale. Car la déchéance de Gorbatchev signifierait la victoire des conservateurs, des apparatchiks, les membres de l'appareil du Parti communiste.

Des positions durcies

La cinquième année de la *perestroïka* voit donc se durcir les positions au Congrès des députés du peuple et au Soviet suprême de l'Union. Les 2 250 députés, dont 90 % sont membres du Parti communiste, se répartissent désormais en trois blocs distincts et de plus en plus étanches : à droite, les conservateurs, guidés par Egor Ligatchev, « le seul homme en Union soviétique qui croit encore au socialisme » disent ses détracteurs avec malice ; au centre, les progressistes, avec Mikhaïl Gorbatchev à leur tête ; et à gauche, les radicaux. Ces derniers, au nombre de 388, regroupés au sein du comité interrégional dirigé par Boris Eltsine, forment le groupe de pression le plus puissant et le mieux articulé à l'intérieur du Congrès.

« Les quatre grands objectifs que défendra notre formation à la reprise de la session à l'automne, explique Mikhaïl Poltoranine, sont connus sous le nom des "quatre dé" : *dé*bureaucratisation, *dé*centralisation, *dé*militarisation et *dé*idéologisation. Ce que nous voulons, c'est reconstruire radicalement le système politique à partir de ces quatre principes. »

Trois des revendications majeures de ce groupe méritent d'être soulignées. La première, c'est l'abrogation de l'article 6 de la constitution soviétique qui place le Parti communiste, en tant que force dirigeante du pays et guide du peuple, au-dessus des institutions parlementaires. Le deuxième, c'est l'abolition avant la tenue des prochaines élections des 750 sièges réservés au Parti, aux syndicats, aux femmes et aux organisations professionnelles. Le troisième, c'est l'élection du président de l'Union au suffrage universel avec garantie de choix véritable entre au moins deux candidats.

Le monolithe s'effrite

« Le Parti communiste n'est plus le monolithe qu'on a connu », explique l'ancien rédacteur en chef de la *Pravda* de Moscou. « Un abîme sépare les idées d'un Eltsine de celles d'un Tchervonopiski, cet amputé de la guerre d'Afghanistan qui s'est signalé au premier Congrès par une virulente sortie contre l'académicien Andreï Sakharov. Et pourtant, ils sont tous deux membres du Parti communiste. Comme moi aussi d'ailleurs. »

Selon Poltoranine, le Parti communiste n'a guère le choix : s'il veut survivre en tant que parti, il doit accepter le pluralisme d'opinions et l'existence de factions à l'intérieur de ses rangs. En cas d'éclatement, le député de Moscou croit que l'aile gauche du Parti pourrait aisément servir de base au lancement d'un nouveau parti politique. « D'après mon intuition, dit-il, 15 millions de personnes adhéreraient immédiatement à la nouvelle formation, ne laissant au PC que ses cinq millions d'irréductibles, les apparatchiks. »

Aux yeux de Poltoranine, l'apparition de factions au sein du Parti communiste est comme une brèche dans une muraille. « Il est vrai, reconnaît-il, que la démocratie est irréalisable à l'intérieur d'un seul parti. Mais l'existence de factions représente une première et nécessaire étape vers le multipartisme. »

L'énigme Gorbatchev

Cette opinion est partagée par Karen Simonian, autre radical de gauche, membre du groupe interrégional représentant l'Arménie au Congrès des députés du peuple. « Les conditions du multipartisme sont déjà en place », assure celui qui, en campagne électorale, s'est battu pour la démocratie en épousant la cause de l'écologie.

Intellectuel respecté et membre du mouvement Karabakh qui préconise le rattachement de l'enclave arménienne d'Azerbaïdjan à l'Arménie, Karen Simonian soupçonne le camarade secrétaire général lui-même d'être intervenu pour bloquer son entrée au Soviet suprême. « Les élections ont été truquées, assure-t-il. Gorbatchev est un homme difficile à comprendre, une énigme. D'un côté, il barre la route aux progressistes radicaux et, de l'autre, il autorise la télédiffusion des débats parlementaires et soutient la grève des mineurs. »

Simonian n'est pas le seul à s'interroger sur les agissements de Gorbatchev. Poltoranine, qui a aussi raté son entrée au Soviet suprême, lui reproche son manque de respect de la procédure parlementaire : « La session du Congrès devait être dirigée par le chef de la Commission électorale, Alexandre Orlov, jusqu'à l'élection du président du pays. Mais Gorbatchev, au mépris des conventions et des règles les plus élémentaires, a fait lever Orlov et a pris sa place. Le Congrès, dit-il sarcastique, avait l'air d'une vraie réunion de kolkhoziens. »

Depuis la télédiffusion de la session du Congrès, la popularité de Gorbatchev est en chute lente, assurent les observateurs. Les gens ne sont pas contents de son attitude autoritaire, de sa façon cavalière de couper la parole aux députés, à Sakharov en particulier.

Le gorbatchevisme contre Gorbatchev

Pour Mikhaïl Poltoranine, Gorbatchev n'est pas l'homme de la situation : c'est un opportuniste qui cherche avant tout, sous le couvert de la *perestroïka*, à sauver le Parti communiste du naufrage. « C'est nous, le groupe du printemps 1985, à la *datcha* de Staline en banlieue de Moscou, qui avons élaboré les grandes lignes de la politique de restructuration. Ce projet était beaucoup plus audacieux que ce qu'en a fait Gorbatchev. On proposait des tas de mesures pour redresser l'agriculture, améliorer le logement et freiner l'inflation. »

La valse-hésitation à laquelle se livre le président-secrétaire général depuis plus de quatre ans maintenant fait dire au député de Moscou que Mikhaïl Gorbatchev, s'il faut à tout prix le qualifier, est l'homme des occasions ratées. « Ce n'est pas un vrai leader, mais un habile manœuvrier qui zigzague de droite à gauche selon la direction du vent. Il éteint les feux. C'est un pompier. »

En vérité, la *perestroïka* commence à avoir du plomb dans l'aile. Elle piétine, tout le monde le dit. Et pendant ce temps, la position de Gorbatchev s'affaiblit, devient chaque jour plus difficile et plus délicate. Au dire du député Karen Simonian, le temps n'est peut-être pas loin où la gauche radicale devra « défendre le gorbatchevisme contre Gorbatchev lui-même ». « Je ne sais pas si je suis optimiste ou pessimiste », lance-t-il en réponse à une question sur l'avenir de la restructuration. « Quand on est sur les barricades, on se bat sans autre pensée que celle de vaincre. »

Organes supérieurs du pouvoir d'État de l'URSS

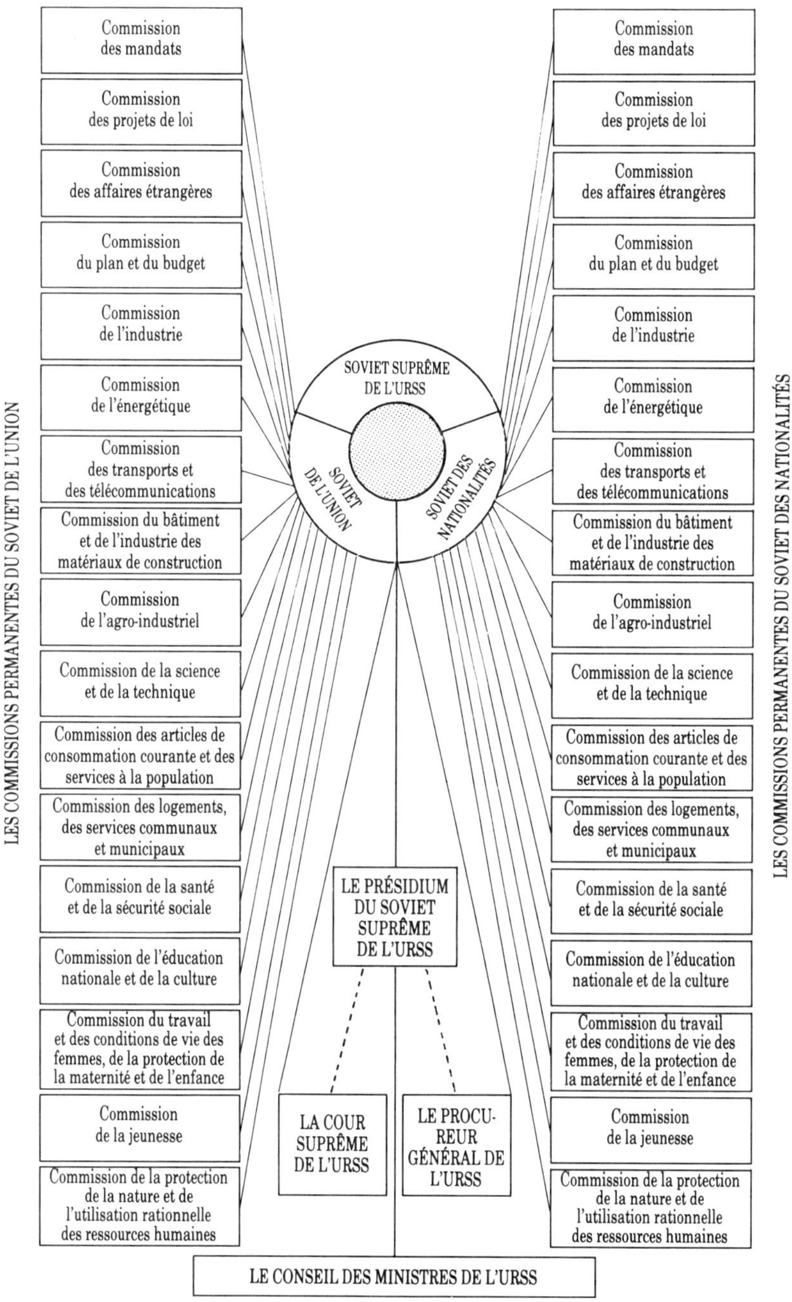

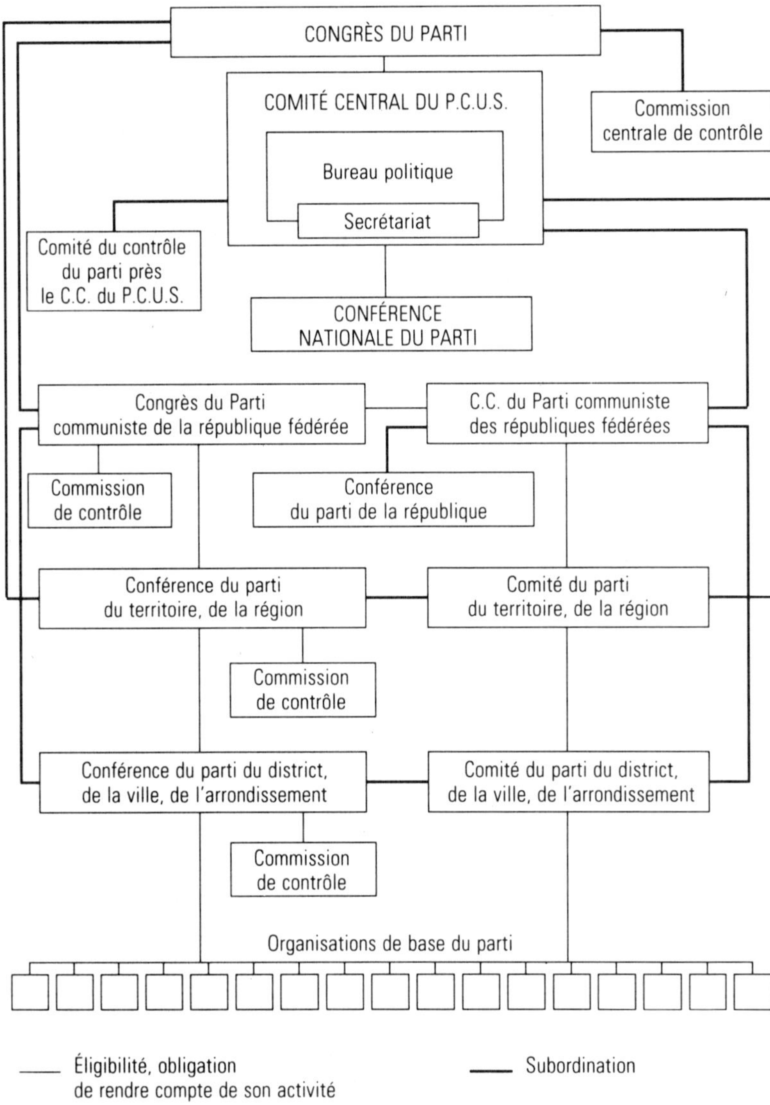
CONGRÈS DU PARTI
COMITÉ CENTRAL DU P.C.U.S.
Bureau politique
Secrétariat
Commission centrale de contrôle
Comité du contrôle du parti près le C.C. du P.C.U.S.
CONFÉRENCE NATIONALE DU PARTI
Congrès du Parti communiste de la république fédérée
C.C. du Parti communiste des républiques fédérées
Commission de contrôle
Conférence du parti de la république
Conférence du parti du territoire, de la région
Comité du parti du territoire, de la région
Commission de contrôle
Conférence du parti du district, de la ville, de l'arrondissement
Comité du parti du district, de la ville, de l'arrondissement
Commission de contrôle
Organisations de base du parti
Éligibilité, obligation de rendre compte de son activité
Subordination

Rendez-vous raté avec le peuple

Mikhaïl Gorbatchev a raté son rendez-vous avec le peuple de son pays. Il a laissé passer le temps d'agir. Aujourd'hui, il est trop tard. La situation économique s'est trop détériorée. L'heure de la *perestroïka* est passée.

« On a perdu du temps. » Ces cinq mots sont sur toutes les lèvres : ils reviennent dans toutes les conversations comme une lamentation, une faute que l'on craint de payer très cher. « La *perestroïka* économique n'a pas eu lieu », constate avec amertume le député de Moscou et membre du groupe interrégional, Mikhaïl Poltoranine. « En cinq ans, rien n'a été fait pour redresser la situation. Il fallait redistribuer la terre aux paysans, assainir les rapports économiques à la campagne, encourager le développement du secteur coopératif, créer un marché, restructurer l'industrie légère, réduire les commandes militaires, augmenter la production civile. Nos usines ne sont pas équipées pour produire la petite machinerie. Il faut les repenser pour fabriquer nous-mêmes les petits tracteurs dont nos fermiers ont besoin. »

Le secteur de l'agriculture en particulier est en déroute. « Quarante-deux pour cent des kolkhozes et des sovkhozes (fermes collectives et fermes d'État), non seulement ne sont pas rentables, mais engloutissent des ressources considérables, souligne Poltoranine. Si l'État avait agi il y a deux ans, le pays serait déjà en mesure de se nourrir.» Ces fermes, dont les réformateurs préconisent la subdivision en sections, couvrent des centaines de milliers d'hectares dans la partie européenne de l'URSS et emploient jusqu'à 1 500 paysans. «Il est difficile de décrire un kolkhoze typique, signale l'économiste Vladimir Kamaev. Ils sont très grands en Ukraine et en Biélorussie, et gigantesques au Kazakhstan.»

L'avenir de la terre inquiète vivement le professeur Kamaev. «La collectivisation a détruit les habitudes de travail de la population rurale. Même si on promettait une vie plus aisée et plus heureuse aux kolkhoziens, un grand nombre d'entre eux refuseraient de devenir fermiers. Le kolkhoze les garantit contre l'imprévu. Sur une terre en location, ils ne peuvent compter que sur leurs propres moyens.»

Pessimisme généralisé

Même pessimisme du côté de la réforme des prix. «Il y a cinq ans, l'État aurait pu, par un seul décret, introduire une réforme des prix», estime le titulaire de la chaire d'économie à l'Université technique de Moscou. «Aujourd'hui, c'est exclu. La situation politique est trop tendue et l'économie trop déséquilibrée. La plus petite mesure risquerait de provoquer une poussée inflationniste sans précédent. Si l'on majore le prix de la houille, il va peut-être falloir hausser celui des pommes de terre et ainsi de suite.»

Mais le problème principal de l'économie soviétique n'est pas l'argent, argumente le professeur. C'est l'inefficacité de la main-d'œuvre et la pénurie de produits. Tout est en manque. «Le kolkhozien ne peut pas réparer sa maison, non parce qu'il manque de roubles, mais parce que les matériaux font défaut. L'argent est le seul bien non déficitaire en URSS, ironise Vladimir Kamaev. Il y en a beaucoup trop en circulation pour la quantité de marchandises produites.» Une production sans rapport avec les ressources utilisées, c'est ce qui expliquerait d'ailleurs l'énorme déficit du gouvernement central estimé à 120 milliards de roubles, soit plus de 25% du budget national de 430 milliards. Quant à l'épargne, évaluée à 315 milliards de roubles, sa principale caractéristique résiderait, comme dans les pays sous-développés, dans sa concentration entre les mains de 10% de la population. « Cela illustre bien l'incroyable écart de revenus entre les gens, et partant l'échec de la société égalitaire », commente Kamaev.

Le sabotage des apparatchiks

Toutefois, si de l'avis de plusieurs, Mikhaïl Gorbatchev a manqué son rendez-vous avec l'histoire soviétique, ce n'est pas uniquement en raison de la crise que traverse l'économie. C'est aussi sa lenteur à agir qui a permis aux forces d'opposition à la *perestroïka* de s'organiser. Selon le député de la gauche radicale, Mikhaïl Poltoranine, le successeur de Tchernenko a commis une grave erreur en négligeant, dès son arrivée au pouvoir, de renouveler de fond en comble la structure de l'appareil du Parti communiste.

« En 1986, explique le député, Gorbatchev était assez fort pour en appeler directement au peuple par-dessus les membres de l'appareil du parti. Il ne devait pas se contenter, comme il l'a fait, de congédier trois ou quatre gérontes du Bureau politique ou du Comité central. Il devait, à tous les échelons de la hiérarchie, remplacer les conservateurs par des progressistes. Maintenant, il est trop tard. Les apparatchiks ont eu le temps de se ressaisir et de préparer la contre-attaque. »

Dans le contexte de la crise économique, la stratégie conservatrice est toute tracée : elle consiste à profiter de l'insatisfaction croissante des travailleurs pour les mobiliser contre la *perestroïka*. À l'heure actuelle en Union soviétique, nombreux sont ceux qui attribuent aux apparatchiks la responsabilité des problèmes qui, depuis un an, surgissent un peu partout dans le pays, qu'il s'agisse de la grève des mineurs dans le Kouzbass et le Donbass, ou des affrontements interethniques entre Baltes et Russes au nord ou entre chrétiens et musulmans au sud. « C'est à un véritable travail de sape que se livrent les apparatchiks, soutient Poltoranine. Ils fomentent partout des complots, attisent la haine entre ouvriers et intellectuels et encouragent les soulèvements. »

Un travail de titan

La tâche que s'est imposée Mikhaïl Gorbatchev est gigantesque. D'aucuns n'hésitent pas à la comparer à celle de Lénine au lendemain de la Révolution d'octobre. Cette tâche, en fait, n'est rien de moins qu'un pays, un immense pays, à reconstruire. Et pour y arriver, le numéro un soviétique doit non seulement composer avec une économie qui ne lui laisse aucun répit, mais aussi manœuvrer sans arrêt pour neutraliser une opposition éminemment bien placée pour saboter ses moindres efforts.

« Si la *perestroïka* échoue et que les apparatchiks réussissent à avoir la peau de Gorbatchev, de deux choses l'une, prédit le député Poltoranine : ou c'est le retour à une dictature plus impitoyable que celle qu'on a connue sous Staline, ou c'est la guerre civile. Nous, la gauche radicale, enchaîne-t-il, nous avons déjà le pied levé, prêts à nous battre pour nos idées. »

Dans le même ordre de réflexion, le professeur Kamaev craint de voir s'épuiser la patience des gens devant l'absence de résultats concrets et immédiats. « La *perestroïka* n'est pas un processus instantané, fait-il observer. Le matin, vous réduisez le nombre de fusées, et le soir, vous avez du beurre sur la table. » Selon l'économiste, il faut au mieux compter entre huit et dix ans avant de commencer à entrevoir la lumière au bout du tunnel. D'ici là, tout peut arriver.

Les républiques baltes ont le vent dans les voiles

Depuis toujours considéré comme une hérésie en pays communiste, le nationalisme est devenu en un an la vertu cardinale dans les républiques de la Baltique. Il a relégué au second plan tous les vieux dogmes, y compris celui de la primauté du parti dans la vie de la nation. Le nationalisme a si bien conquis le cœur et la tête des 5,5 millions d'Estoniens, de Lettons et de Lituaniens de souche sur les 8 millions que comptent les trois États baltes, que si Moscou s'avisait de se mettre en travers de leur route vers l'autogestion et l'autodétermination, tout indique qu'ils n'hésiteraient pas longtemps. Ils claqueraient la porte au nez du grand frère communiste.

La *perestroïka* les a transformés. Le regard résolument tourné vers la Suède et la Finlande de l'autre côté de la Baltique, l'Estonie, la Lettonie et la Lituanie ont le vent dans les voiles. L'affirmation nationale est devenue leur préoccupation majeure, leur seul et unique sujet de conversation. Portés par une sorte d'euphorie, ils se débarrassent un à un des vieux oripeaux russes et soviétiques, et retrouvent leur langue, leur drapeau, leur hymne national, leurs héros et leurs églises. Ils « dérussifient » les noms de leurs rues et les « baltisent ». Ainsi, à Vilnius, Lénine a perdu son avenue au profit du grand duc Guediminas qui, en 1933, y transféra la capitale de la Lituanie.

« Moi, je peux vous dire avec 60 % de certitude que si le gouvernement central refuse de donner du lest, les pays baltes vont proposer la séparation d'avec l'URSS », déclare au cours d'une entrevue Olev Lugus, directeur de l'Institut d'économie à l'Académie des sciences de l'Estonie. Même appréciation de la part de Saarniit Jaak, secrétaire du Comité du parti de la ville de Tallin. « Si le gouvernement de l'URSS ne laisse pas l'Estonie libre de suivre la voie de son choix, dit-il, je crains devoir vous dire que tous les Estoniens vont se prononcer pour la sécession. »

Dans ces trois pays nordiques baignés par la mer Baltique, la première loyauté des membres des partis communistes locaux n'est pas envers Moscou. « Le Parti communiste de Lituanie fait bloc avec le peuple », annonce la première secrétaire pour le district Lénine à Vilnius, Janina Gagiliene, qui lutte pour la décentralisation du PC soviétique. « Si le parti n'est pas avec le peuple en Lituanie, insiste-t-elle, le peuple le répudiera. Il n'en voudra plus. »

Une telle explosion du sentiment national n'est pas sans créer de remous. Ses victimes toutes désignées sont nulles autres que les russophones. En Estonie, ils forment avec les autres non-Baltes 40 % de la population totale de la république. En Lettonie, ils dépassent les 50 % réduisant les Lettons à l'état de minorité sur leur propre territoire. En Lituanie, où ils ne sont que 10 %, le problème de leur présence ne se pose pas avec la même acuité. C'est en Estonie et en Lettonie que la situation est en train de devenir tragique. À Tallin, la capitale de la plus nordique des républiques baltes, les Estoniens sont minoritaires ; à Narva, une ville de 50 000 habitants, ils représentent à peine 10 % de la population, et à Kohtlagarve, une agglomération de 30 000 habitants, les Estoniens de souche ne comptent que pour 20 %.

Apartheid baltique

La forte concentration de Russes dans les villes estoniennes s'explique par le fait que la majorité d'entre eux travaillent dans des entreprises sous la dépendance directe de Moscou et dont la plupart sont installées dans les grands centres. De notoriété publique, les Russes en Estonie ne font pas partie de l'intelligentsia du pays. Employés majoritairement dans la métallurgie et les chantiers navals, ils forment le gros de la classe ouvrière estonienne. « Nous sommes responsables de plus de 50 % de la production nationale de l'Estonie et nous sommes traités comme des citoyens de second ordre », s'indigne Oleg Morozov, un des leaders du Front international (FI) qui revendique l'égalité linguistique et un traitement équitable pour les ressortissants russes en Estonie.

Aux yeux de Morozov, l'Estonie se comporte envers les Russes exactement comme le gouvernement d'Afrique du Sud envers les Noirs. « Les Estoniens refusent de nous assimiler, dit-il. Nos enfants fréquentent des classes séparées de niveau inférieur à celles des jeunes Estoniens. Nous travaillons dans les usines gérées par le fédéral, les Estoniens, eux, dans les entreprises administrées par la république. C'est l'apartheid servi à la sauce baltique. » Le leader du FI va plus loin : « La situation est devenue tellement intolérable, assure-t-il, que nombre de mariages volent en éclats. C'est l'épouse estonienne qui dit à son mari : “Toi, occupant, va-t'en de ma république” ou c'est le mari qui chasse sa femme russe sans une pensée pour les enfants issus de leur union. »

Courant antirusse

L'existence d'un violent courant antirusse en Estonie n'est niée par personne. « Cette situation est la conséquence directe de la politique de russification massive pratiquée par Staline au lendemain de l'annexion des Baltes en 1940 pour noyer les nouveaux venus dans le vaste océan russe », explique le président du Front populaire national de l'Estonie (FPNE) pour la *perestroïka*, Rein Veideman. Selon ce dernier, une législation sur la langue, attendue depuis longtemps, était urgente. L'Estonie n'avait plus le choix. Elle devait protéger l'estonien de nouveau menacé par l'arrivée constante d'immigrants russes aujourd'hui attirés dans la petite république par un niveau de vie sensiblement plus élevé qu'en Russie fédérée. « La situation était devenue telle, explique-t-il, que les Estoniens, pour obtenir la protection de la police ou se faire traiter dans les hôpitaux, devaient obligatoirement, dans leur propre patrie, parler russe, une langue qui, soit dit en passant, diffère autant de l'estonien que le français du chinois. »

En Lituanie, où ils représentent à peine 10 % de la population, « les Russes ne parlent pas lituanien alors que tous les Lituaniens, eux, parlent russe, commente avec humeur Janina Gagiliene. Il y a des gens qui habitent ici depuis 40 ans, lance-t-elle avec une pointe d'irritation dans la voix, et ils ne disent pas deux mots de lituanien ».

Une tragédie pour les Russes

« Ce qui se passe en Estonie et dans les Baltes en général est une tragédie pour les Russes, reconnaît Saarniit Jaak. Ils ne comprennent pas les préoccupations estoniennes et s'estiment lésés dans leurs droits par les nouvelles législations. » Commentant le mouvement de grèves déclenché à Tallin en juillet par les russophones dans une cinquantaine d'entreprises relevant du fédéral, « ces Russes-là sont de vrais staliniens », lance celui qui se définit comme un communiste démocrate. « Ils ne voient aucun inconvénient à ce que les tanks soviétiques envahissent la ville. »

Cette question de l'intervention des troupes russes en Estonie ou en Lituanie, en cas d'affrontement majeur entre les deux groupes ethniques ne fait pas l'unanimité. Certains, comme Saarniit Jaak et Rein Veideman, ne sont pas prêts à écarter une telle possibilité ; d'autres, comme Janina Gagiliene, croient pareille démonstration de force en pleine *perestroïka* tout à fait impensable. Mais comme le soulignent certains observateurs de la scène soviétique, Moscou pourrait difficilement résister à l'appel de près de deux millions des siens si les choses devaient se gâter pour eux.

Finis les ordres de Moscou

Les républiques soviétiques de la Baltique en ont ras le bol de Moscou. Elles ne veulent plus de ses marionnettes à la tête de leurs États. Elles ne veulent plus recevoir d'ordres ni demander de permissions. Bref, elles veulent traiter d'égal à égal avec la capitale.

L'Estonie et la Lituanie, qui mènent le bal pour l'indépendance économique et l'autonomie politique, affichent les niveaux de vie les plus élevés de toutes les républiques soviétiques. « Avant la guerre et l'annexion forcée à l'URSS en 1940 », rappelle avec nostalgie Olev Lugus, directeur de l'Institut d'économie à l'Académie des sciences de l'Estonie, « notre pays avait un niveau de vie supérieur à celui de la Finlande. Aujourd'hui, la Finlande occupe le douzième rang au monde et chez nous les magasins sont vides. »

L'Estonie, la Lettonie et la Lituanie, qui se targuent d'être cinq ans en avance sur le reste de l'Union pour la *glasnost* et la *perestroïka*, ne veulent plus être considérées comme des colonies par le gouvernement central. Elles veulent avoir leur mot à dire dans les décisions susceptibles de les affecter. Un premier pas dans cette direction a été franchi le 27 juillet quand le Soviet suprême de l'URSS a adopté le projet de loi sur l'autogestion autorisant les trois baltes à aller de l'avant avec leur programme de réforme économique, dont le mot clé est la décentralisation administrative.

Dans l'état actuel des choses, en Estonie, 35% des entreprises sont contrôlées par Moscou, tandis que 10% seulement sont administrées par le gouvernement de la république. C'est cet ordre « absurde » de choses que veulent renverser les Estoniens pour devenir maîtres chez eux. « Nous réclamons un authentique gouvernement local et le droit de participer à toutes les discussions engageant l'avenir de l'Estonie », explique Rein Veideman, président du Front populaire national (FPNE) pour la *perestroïka.*

Des prix insensés

Un des domaines qui suscite le plus de mécontentement, et ce depuis fort longtemps, c'est la politique des prix imposée par Moscou sans égard aux coûts de production. « Le prix du lait n'a pas changé depuis 20 ans en Union soviétique, c'est inouï », lance sur un ton mordant Algimantas Cekuolis, député du peuple au Congrès de l'URSS et éditeur du bihebdomadaire à tendance nationaliste *La Patrie.* « Cinq fois plus coûteux à produire que l'eau minérale, enchaîne-t-il, le lait se vend moins cher que l'eau Borjomi. Par contre, pour acheter un pneu dont le prix de revient est de 10 roubles (18 $), nous devons en débourser 110 (198 $), soit 11 fois plus. Même chose pour les voitures. Une Volga, qui coûte 1 700 roubles (3 060 $) à produire, se détaille 17 000 roubles (30 600 $) sur le marché d'État et va chercher 60 000 (108 000 $) sur le marché noir. Il est grand temps qu'un terme soit mis à toutes ces sottises. »

Même son de cloche de la part de Olev Lugus : « L'Estonie exporte la moitié de sa production agricole dans les autres républiques. Un kilo de viande rouge, qui coûte 5 roubles 30 kopecks à produire, se vend 1 rouble 75 kopecks au consommateur. Il en va de même pour l'énergie électrique. Plus nous exportons vers les autres républiques, plus nous nous appauvrissons. »

Mais les prix ne sont qu'un aspect des problèmes économiques que vit l'Estonie. Le plus grave, c'est la rareté des produits comme partout ailleurs en Union soviétique. « Même si je possedais les 60 000 roubles pour une Volga sur le marché noir, insite Cckuolis, encore faudrait-il dénicher l'oiseau rare. »

La disponibilité des produits est en fait devenue un tel casse-tête que certaines républiques comme l'Estonie ont décidé de recourir aux grands moyens pour protéger leur marché intérieur des « prédateurs » étrangers. C'est ainsi que dès janvier, seuls les citoyens estoniens détenteurs d'une carte Visa émise par l'État pourront se procurer certains biens durables et de consommation courante. Une mesure qui vise à empêcher les ressortissants des républiques voisines de faire une razzia sur la production locale.

Deux mots tabous

Des mesures plus vigoureuses encore ont été prises en agriculture. « L'Estonie a été la première république à adopter une loi rétrocédant la terre aux paysans », signale avec fierté le directeur de l'Institut d'économie. « Mais nulle part dans la loi vous trouverez les mots "propriété privée" prévient-il. Incompatibles avec les principes du socialisme, ces mots demeurent tabous en URSS. Mais la vérité, c'est que la propriété privée, ça existe déjà en Estonie. »

Lugus explique les acrobaties auxquelles a dû se livrer le législateur pour éviter les deux mots honnis. « La loi parle de jouissance indéfinie, d'utilisation illimitée, du droit de léguer à ses héritiers, mais ne prononce pas les mots sacrilèges. » L'économiste regrette néanmoins ce vocabulaire qui laisse subsister le doute dans l'esprit du fermier et le prive de certitude quant au droit de propriété.

Deux avenues sont envisagées pour « décollectiviser » la terre en Estonie. La première, c'est la subdivision des fermes collectives en sections, un fermier pouvant passer un contrat avec son kolkhoze pour la production laitière par exemple. La deuxième, c'est la ferme privée. « La construction d'une ferme neuve sur une terre vierge nécessite un investissement de 100 000 roubles (180 000 $), explique Lugus. C'est énorme. Aussi beaucoup de gens préfèrent-ils retaper une vieille ferme délabrée, abandonnée depuis l'exil des propriétaires. » Selon lui, une ferme privée pourrait atteindre jusqu'à 50 hectares, mais les paysans préfèrent s'en tenir à des exploitations plus modestes ne dépassant pas les 10 à 15 hectares.

Si Mikhaïl Gorbatchev demeure en selle et que rien ne vient perturber le processus de la *perestroïka*, Olev Lugus prévoit que d'ici la fin du siècle, l'Estonie comptera environ 5 000 fermes privées. « Nous avons derrière nous 40 ans de collectivisme, note-t-il avec réalisme. Des habitudes ont été prises. Il va peut-être falloir deux générations pour redonner aux paysans le goût de la terre et ressusciter en eux le sens des responsabilités. »

Un des principaux artisans du programme d'autogestion pour l'Estonie, Olev Lugus, mesure bien les risques que prend la petite république d'un million et demi d'habitants en se lançant dans cette aventure. « En tant qu'économiste, la mise en application du plan de redressement m'inquiète. Mais il faut plonger. Nous n'avons rien à perdre. »

« En estonien, fait-il remarquer, le sigle pour "autogestion de l'Estonie", c'est IME. Et "ime" en minuscules dans notre langue, enchaîne-t-il, signifie "miracle" ! »

L'Arménie vit sous la menace d'une guerre civile

Affligée depuis deux ans par le rationnement de produits essentiels et les séquelles du tremblement de terre qui a fait 25 000 morts le 7 décembre 1988, l'Arménie, république soviétique voisine de la Turquie, vit en outre aujourd'hui sous la menace constante d'une guerre civile. Loin d'être calmées, les tensions entre chrétiens et musulmans dans le Nagorny-Karabakh augmentent de jour en jour.

L'enclave arménienne d'Azerbaïdjan est un véritable baril de poudre. Abandonnée à son sort par le gouvernement de Bakou et isolée de la république sœur d'Arménie par un tronçon de route de 30 kilomètres, la région n'est plus accessible par voie terrestre ; seuls les hélicoptères et les petits avions réussissent à franchir la frontière.

« La route est bloquée du côté de l'Azerbaïdjan à Latchin, ville frontière entre les deux républiques ennemies », raconte Grigorïan Gegham, adjoint au rédacteur en chef de *Kommunist*, l'organe du Comité central du Parti communiste à Erévan. « Les camions de marchandises qui tentent d'atteindre Stépanakert, la capitale, sont attaqués et les chauffeurs assassinés. »

Des escarmouches sont rapportées tous les jours à la frontière du Nagorny-Karabakh. « Le but des musulmans est de forcer les Arméniens à quitter le territoire et à émigrer en Arménie », soutient Vladimir Touliane, premier secrétaire du Comité du Parti communiste pour la région de Sovietsky. Selon Touliane, les Azerbaïdjanais veulent répéter l'exploit de Nakhitchévan, république autonome à la frontière de l'Iran d'où ont été chassés jusqu'au dernier les Arméniens, qui autrefois composaient la vaste majorité de la population.

Les affrontements entre Azerbaïdjanais de foi musulmane et Arméniens de croyance chrétienne, depuis la demande de rattachement à l'Arménie du Nagorny-Karabakh le 20 février 1988, ont donné lieu à des exodes massifs, un véritable chassé-croisé de réfugiés. « Deux cent mille Arméniens ont fui l'Azerbaïdjan et se sont réfugiés en Arménie, signale Vladimir Touliane, et inversement 150 000 Azerbaïdjanais qui habitaient l'Arménie ont émigré en Azerbaïdjan. » Depuis la prise en charge directe, il y a quelques mois, par Moscou du territoire disputé, 20 000 Arméniens seraient retournés dans leurs foyers.

Du barbarisme

La situation dans la région assiégée est qualifiée de tragique et intenable par la totalité des personnes interrogées. « Le Nagorny-Karabakh est le berceau de la culture arménienne, sa capitale spirituelle et le foyer du mouvement de libération », explique Lendruch Khurchudiam, grand spécialiste de l'histoire arménienne à l'Académie des sciences de la république. « C'est aussi, et cela est considéré comme une provocation par les Azerbaïdjanais, un centre de la chrétienté en territoire musulman. »

Au journal *Kommunist*, champion de la cause du peuple du Karabakh, Grigorïan Gegham accuse les Azerbaïdjanais de s'être comportés en barbares envers les Arméniens. « Ils ont procédé à la destruction systématique de tous les symboles de la culture arménienne, révèle-t-il. Ils ont démoli les monuments historiques, les églises, les centres culturels. Ils ont fermé les écoles et ruiné l'économie. » « C'est la Turquie que, par temps clair, on peut voir d'Erévan qui est derrière toute cette agitation », soutient le rédacteur qui précise, au passage, que les Azerbaïdjanais ne sont pas une nation. « Ce sont des Turcs et des fanatiques », déclare-t-il tout de go.

Peu d'espoir

Paralysé depuis trois mois par des grèves, le Nagorny-Karabakh survit tant bien que mal. « On a perdu l'espoir d'un règlement pacifique, avoue le professeur Khurchudiam. Le comité de gestion mis sur pied par Moscou pour dénouer la crise a échoué dans son entreprise. Le plénum du Comité central du Parti communiste doit se réunir ce mois-ci pour réexaminer la situation, en même temps que celle des 19 autres territoires autonomes où couvent des conflits analogues. Mais en dernier ressort, c'est au Soviet suprême de l'URSS qu'il appartiendra de trancher. On s'attend à une décision globale valable pour toute l'Union. »

Pour le gouvernement d'Erévan, la seule solution acceptable au problème du Nagorny-Karabakh est son rattachement pur et simple à l'Arménie. « C'est le désir de notre peuple d'être réuni et de vivre dans la même maison », commente le premier secrétaire du Comité du parti pour la région de Sovietsky. « C'est le génocide du peuple arménien qui se poursuit, renchérit Grigorïan Gegham. À Sougmaït, en janvier 1988, les Azerbaïdjanais ont massacré 35 Arméniens. On tue nos frères et nous ne pouvons rien faire. Le Karabakh, c'est notre terre et nous voulons la reprendre. »

« En 1968, sous Brejnev, le gouvernement est venu à un cheveu d'un règlement, se souvient l'académicien Khurchudiam. Mais Souslov, l'idéologue du PC et partisan de la ligne dure stalinienne, s'est opposé. Brejnev, qui avait contracté des dettes politiques à son endroit, s'est incliné. » Depuis les événements de février 1988, un mouvement, le Karabakh, dont l'un des fondateurs est l'écrivain et député du peuple de l'URSS, Karen Simonian, est né à Erévan pour défendre la cause du rattachement du Haut Karabakh à l'Arménie. Mais les espoirs d'un règlement négocié s'amenuisent de jour en jour.

« Gorbatchev ne sait plus où donner de la tête avec les conflits interethniques qui éclatent un peu partout, en Azerbaïdjan, au Tadjikistan, en Ouzbékistan et en Géorgie », fait observer Grigorïan Gegham. Le moindre incident — et il s'en produit quotidiennement — risque de mettre le feu aux poudres. Personne en Arménie n'écarte plus la possibilité d'une guerre civile, ni l'intervention des chars soviétiques dans les rues de Stépanakert pour prévenir de nouveaux massacres.

« Les tensions interethniques, ce sont des bombes toujours prêtes à exploser », commente le député arménien Karen Simonian. « On ne sait jamais quand une guerre d'usure ne se transformera pas en guerre tout court. » « En cas de conflit armé, estime pour sa part Vladimir Touliane, l'URSS n'aura pas le choix. Elle devra sortir les chars pour faire respecter la loi et ramener l'ordre. »

L'Arménie, une république cernée d'ennemis

Aux prises avec des centaines de milliers de réfugiés du Nagorny-Karabakh et de sinistrés du tremblement de terre de 1988, l'Arménie a trop de soucis et d'ennemis pour entretenir, à l'instar de la Moldavie et des républiques baltes, des velléités d'indépendance vis-à-vis de Moscou.

« Nous partageons l'approche des états baltes sur l'autogestion, la décentralisation administrative et la politique linguistique », déclare le premier secrétaire du Comité du Parti communiste pour la région de Sovietsky, Vladimir Touliane, « mais nous ne voulons pas nous séparer de l'URSS. Nous voulons rester à l'intérieur du bloc soviétique ».

Habitée par seulement 2 % de russophones, cette république, située à la frontière de l'Europe et de l'Asie, ne s'est jamais sentie menacée par la politique de russification du gouvernement central. « L'Arménie est la seule république où la langue de la population locale, l'arménien, est dans les faits la langue de l'État », signale l'écrivain Karen Simonian, député du peuple représentant l'Arménie au Congrès de l'URSS.

En vérité, les adversaires traditionnels de la Géorgie ne sont pas les Russes. « Mis à part la Géorgie, nous sommes entourés d'ennemis », constate sombrement l'adjoint au rédacteur en chef du quotidien *Kommunist*, Grigorïan Gegham, faisant allusion aux deux voisins islamiques, la Turquie et l'Iran, éternels envahisseurs de l'Arménie, et à l'Azerbaïdjan contre qui elle se bat depuis 50 ans pour le rattachement du Nagorny-Karabakh. « Il ne serait pas dans notre intérêt de parler de sécession », fait observer celui qui ne croit pas en la possibilité de séparation ni pour l'Arménie ni pour les républiques baltes d'ailleurs.

Capitale surpeuplée

Là comme partout en URSS cependant, la *glasnost* et la *perestroïka* suscitent des attentes et des espoirs. Sur le plan économique, les Arméniens aimeraient, par exemple, profiter de l'assouplissement du régime pour créer un marché libre et nouer des relations commerciales avec des pays étrangers. Mais des problèmes plus urgents retiennent l'attention des dirigeants comme les cortèges de réfugiés et de sinistrés qui encombrent les rues de la capitale. Estimée à 1 200 000 en temps normal, la population d'Erévan s'est accrue des deux tiers au cours de l'été atteignant 2 000 000 d'habitants.

Pareil excédent de personnes n'est pas sans inconvénients ni conséquences sur l'économie de la république déjà mal en point avec le rationnement, depuis deux ans, du café, du sucre et du beurre. « La viande est presque disparue des comptoirs d'alimentation et l'habitation est devenue le problème majeur d'Erévan », constate Mnatzakan Zohrabïah, rédacteur en chef de *L'Avant-Garde*, un journal publié trois fois la semaine à l'intention des jeunes. « Le logement arrive au premier rang des préoccupations de nos lecteurs, insiste-t-il. C'est la principale récrimination des jeunes ménages qui doivent patienter des mois, parfois des années, pour obtenir un appartement qui, la plupart du temps, les décevra en plus de ne pas répondre à leurs besoins. »

Il faut dire que l'Arménie, depuis trois ans, joue de malchance. Les catastrophes naturelles s'ajoutent aux difficultés économiques qui affligent le pays tout entier de la Baltique au Pacifique et de l'Arctique à la frontière chinoise. L'échec du socialisme, là comme ailleurs, n'est plus guère contesté. « On nous a toujours dit que le capitalisme était un système qui exploitait les travailleurs », fait observer au passage le rédacteur en chef de *L'Avant-Garde.* « Mais l'ouvrier exploité en Amérique gagne suffisamment pour vivre, tandis que l'ouvrier exploité par l'État ici n'a que de quoi survivre. »

Depuis le séisme qui a anéanti six grandes villes, rasé 59 villages et partiellement détruit 350 hameaux, le problème du logement a, en vérité, pris des proportions alarmantes d'un bout à l'autre de la république. Le nombre d'individus en perpétuel déplacement ou qui ont trouvé refuge dans des abris de fortune est estimé à 500 000. « Le gouvernement central avait promis la reconstruction de quatre villes en deux ans », rappelle sur un ton amer et déçu l'adjoint au rédacteur en chef de *Kommunist*, Grigorïan Gegham. « Neuf mois se sont écoulés et pas une seule maison n'a encore été érigée. »

Des milliers d'orphelins

Le cataclysme de décembre 1988 qui a frappé l'Arménie connaît d'autres prolongements tragiques. Le sort des milliers d'enfants que le séisme a laissés orphelins inquiète douloureusement la population arménienne. « Des dizaines de milliers d'enfants ont été placés dans des pensionnats en Russie fédérée, signale Grigorïan Gegham, et des dizaines de milliers d'autres ont été expatriés en Amérique où ils ont été recueillis par des familles d'origine arménienne. Ces enfants devaient revenir au bercail pour la rentrée de septembre, enchaîne-t-il, mais rien n'a été préparé en vue de leur retour. »

Pour une nation depuis un siècle réduite à la diaspora et dont la survie est constamment menacée, la perte de ces enfants serait forcément considérée comme une nouvelle tragédie. Toutefois, comme quoi à quelque chose malheur est bon, le séisme a permis à l'Arménie de s'ouvrir au monde, estime avec philosophie Grigorïan Gegham. « Dans les jours qui ont suivi la catastrophe, un avion étranger atterrissait toutes les trois minutes à l'aéroport d'Erévan. Aujourd'hui encore, l'hôtel Armenia regorge d'étrangers venus prêter main-forte à la région dévastée. Avec leurs fourgonnettes bien identifiées et leurs t-shirts à l'emblème de leurs organismes non gouvernementaux (ONG), on reconnaît sans peine les médecins sans frontières et les représentants de la Croix-Rouge internationale. »

Une drôle de *glasnost* que celle-là ! Une *glasnost* bien à l'arménienne et très peu gorbatchevienne ! Mais une *glasnost* quand même.

Le stalinisme a encore une patrie : l'Ukraine

Le stalinisme a encore une patrie et ce n'est pas la Géorgie d'où est sorti le plus grand « ennemi du peuple » soviétique, inquisiteur en chef du pays et patron du tristement célèbre Goulag. Le château fort du stalinisme, c'est la très vaste et très populeuse Ukraine avec ses 50 millions d'habitants et ses 600 000 kilomètres carrés de territoire. Une république grande comme la France.

« La *glasnost* n'est pas encore arrivée en Ukraine », soutiennent d'une seule voix Serguéi Odaritch, Victor Lintchevsky et Alexandre Mosseyouk, leaders du Front populaire pour la *perestroïka*, le ROUKH. « L'Ukraine vit encore à l'époque stalinienne. Il y a un peu plus d'un an, le gouvernement de la république a mobilisé 1 500 miliciens, soldats et agents du KGB pour maintenir l'ordre à une manifestation pour souligner le deuxième anniversaire de Tchernobyl qui n'a finalement attiré qu'une trentaine d'écologistes. »

Selon les trois chefs du ROUKH, la situation est grave. Opposés à la politique d'ouverture de Gorbatchev, les membres de l'appareil du Parti, les apparatchiks, résistent par tous les moyens à la *perestroïka*. « Au milieu de l'effervescence générale créée par la *glasnost*, l'Ukraine est comme un îlot de stabilité », confirme le rédacteur en chef de *News from Ukraine*, Victor I. Stelmakh. « Elle représente la continuité et la fidélité au passé. »

Le symbole par excellence de ce conservatisme, c'est Vladimir Vassiliévitch Chtcherbitski, le numéro un ukrainien, un brejnevien notoire au pouvoir depuis plus de 20 ans. Premier secrétaire du Comité central du Parti communiste d'Ukraine et membre du présidium du Soviet suprême de la république, Chtcherbitski contrôle à la fois les organes du Parti et ceux de l'État. « Encore très peu contesté en Ukraine, Chtcherbitski est considéré comme un des hommes forts de l'Union soviétique. Gorbatchev ne peut rien contre lui, prétendent les réformistes. Il l'a fait entrer au Bureau politique contre un appui formel de sa part à la *perestroïka.* »

L'inverse des Baltes

La situation en Ukraine est donc l'inverse de ce qui se passe dans les républiques baltes où tous les dinosaures ont été délogés des instances supérieures du Parti communiste et remplacés par des leaders populaires et progressistes.

« Les Baltes vont trop vite », objecte Nicholay Detochka, directeur adjoint à la planification économique au soviet de la ville de Kiev. « Nous sommes d'accord avec eux pour l'autogestion et la décentralisation administrative, mais non pour la création d'une monnaie propre, le retrait des troupes soviétiques ou le retour aux anciens symboles nationalistes. »

Seule la langue échappe à ce réquisitoire. « L'ukrainien et le russe sont deux langues slaves, très proches l'une de l'autre, explique Victor Stelmakh. Si bien que les gens ont fini par mélanger les deux et une sorte d'espéranto, appelé *surjik*, en est sorti qui n'est ni du russe ni de l'ukrainien. L'État doit corriger cette situation, même si les russophones sont hostiles à toute mesure visant à affirmer la primauté de l'ukrainien sur le russe. »

« L'Ukraine et la Russie partagent 300 ans de vie commune, enchaîne Nicholay Detochka. Il n'y a pas d'animosité entre les deux peuples. Mais il faut reconnaître que la langue pose un cas particulier. »

La grande question

Outre le problème de la langue, la question qui divise le plus les républiques soviétiques ces temps-ci est celle du parti unique. En Lituanie, il n'est pas jusqu'à une apparatchik haut placée de Vilnius, Janina Gagiliene, première secrétaire du Parti pour le district Lénine, qui ne se prononce haut et clair en faveur de l'instauration du multipartisme. « En tant qu'activiste du Parti, déclare-t-elle, je me prononce pour la légalisation du multipartisme en Lituanie. »

À Kiev, c'est tout l'opposé. Les bureaucrates du soviet de la ville sont catégoriques : « Nous sommes pour le maintien du parti unique », affirme solennellement Nicholay Detochka au nom de ses collègues. « Impossible pour l'instant de remettre en question le rôle du Parti communiste en Ukraine », convient le rédacteur en chef Stelmakh qui, personnellement favorable au multipartisme, se contente de réclamer dans les colonnes de son journal des candidatures multiples aux élections des soviets.

Une économie malade

Le conservatisme de l'Ukraine n'est toutefois pas le résultat d'une économie qui se porte mieux qu'ailleurs dans l'Union. L'une des trois plus grandes républiques en termes de population et de superficie, son niveau de vie est, avec celui de la Russie, parmi les plus bas de l'URSS européenne. Inférieur, en tout cas, au niveau de vie en Biélorussie et dans les républiques baltes.

« L'Ukraine manque de tout », révèle avec un haussement d'épaules et une moue d'impuissance le grand patron de *News from Ukraine*. « De viande, de lait, de yogourt, de fromage, de savon, de logements, de vêtements de qualité. Littéralement de tout. » Secteur habitation, Nicholay Detochka indique que la Ville de Kiev travaille présentement à convaincre la Pologne ou la Yougoslavie de se lancer avec la municipalité dans un *joint venture*. « Nous manquons de main-d'œuvre, de briques et de béton. Les Finlandais, les Polonais et les Yougoslaves excellent dans la construction. Ils pourraient nous fournir les matériaux si nous réussissons à les intéresser à notre projet. » C'est une constante d'ailleurs en URSS, partout où il y a de la rénovation ou de la construction, les entrepreneurs sont originaires d'Europe centrale.

Pour ce qui est des pénuries en général, Victor Stelmakh est d'avis que le règlement obtenu par les mineurs du Donbass et du Kouzbass à la suite de leurs grèves va contribuer à l'abolition des commandes d'État. La collection d'horreurs et d'objets inutiles qui garnissent les comptoirs des magasins soviétiques est sans doute le trait le plus frappant de l'économie centralisée : vases sans grâce, bibelots en série, plats aux formes étranges, souliers grossiers, vêtements inesthétiques, camelote. « La marchandise apparaît sur les étalages, reste un temps, puis reprend le chemin de l'entrepôt », confirme Victor Stelmakh. « Quand les entreprises pourront s'autogérer, avance Nicholay Detochka, elles ne produiront plus de ces biens dont personne ne veut. Nous avons besoin de temps pour guérir l'économie. »

« Les Ukrainiens sont un peuple sage et patient, note pour sa part le rédacteur en chef de *News from Ukraine*. Mais il risque de se lasser à la longue des pénuries. » Pour le ROUKH, la question n'est pas de savoir si le régime est communiste ou capitaliste, ce qui compte, c'est si le peuple a oui ou non de quoi se vêtir et se nourrir. « Ce que nous vivons ici n'est pas le socialisme », soulignent avec force Odaritch, Lintchevsky et Mosseyouk. « Un État socialiste, on peut tout juste imaginer ce que c'est. Quelque chose comme la Suède peut-être ! Ce que nous vivons, nous, c'est une sorte de Moyen Âge, un féodalisme avec des maîtres et des esclaves. »

Les trois jeunes leaders du ROUKH, qui ont l'ardeur de vrais révolutionnaires, se disent prêts à attendre une année de plus pour voir les résultats de la *perestroïka*. Mais pas davantage !

Partout, à ce qu'il semble, la patience s'épuise et les délais s'amenuisent. Il devient urgent que l'Ukraine, faute de pouvoir attraper le Balte-Express, se mette tout au moins à l'heure de Moscou.

La presse soumise au détecteur de vérité

Les journalistes soviétiques ont toujours rêvé de pouvoir, un jour, travailler comme en Occident. La *glasnost* leur permet de réaliser ce rêve. Mais ils ont du mal à prendre le virage. Ils n'ont pas l'habitude de la vérité.

« Depuis toujours, on a travaillé avec la peur d'écrire un mot qui ne corresponde pas à la ligne du Parti », avoue Mnatzakan Zohrabïah, rédacteur en chef de *L'Avant-Garde*, organe du Comité central du Komsomol, l'association des jeunes communistes de 14 à 28 ans. « Aujourd'hui, on peut tout dire. Mais les vieux réflexes ont la vie dure. On manque d'entraînement. »

« Autrefois, on trichait », renchérit Grigorïan Gegham, adjoint au rédacteur en chef de *Kommunist*, organe du Comité central du Parti communiste d'Arménie. « Aujourd'hui, on livre les faits bruts, tels quels. Mais il faut dire que la vérité était devenue de plus en plus difficile à cacher. Un pays dans la dèche, ça se voit. »

Au premier rang des combattants pour la *perestroïka*, la presse en Union soviétique est le plus puissant allié de la politique d'ouverture de Mikhaïl Gorbatchev. Certains journaux, *Nouvelles de Moscou* et *Ogoniok* en tête, sont devenus de vrais champions de la liberté d'expression. Même la *Pravda* et les *Izvestia* sont reconnus pour prendre de plus en plus de libertés par rapport au Parti. Et cela même si les journaux soviétiques sont tous, presque sans exception, des organes des comités du Parti communiste ou d'associations professionnelles. « Il n'y a pas un journal ou une agence de presse qui ne soit dirigé par un membre du Parti », reconnaissent spontanément les responsables d'entreprises de presse.

La censure

« Les médias ont vraiment beaucoup changé depuis deux ans », confirme Lembit Rattus, directeur adjoint de *La voix du peuple*, organe du Parti communiste et du Soviet suprême d'Estonie. « C'est le jour et la nuit avec le passé. Autrefois, la direction du journal était convoquée une ou deux fois par semaine au quartier général du Comité central du Parti pour recevoir ses instructions. On nous disait quoi publier et quoi ne pas publier. Ce temps-là est révolu. Hier, par exemple, j'ai refusé un discours de Gorbatchev. Autrefois, je n'aurais pas eu le choix. Il aurait fallu le publier. »

Les témoignages de ce genre abondent. Selon Algimantas Cekuolis, député au Congrès de l'URSS et éditeur de *La Patrie*, un bihebdomadaire de Vilnius à tendance nationaliste, la censure forçait autrefois les rédacteurs à soumettre leurs articles avant publication. « On nous obligeait à retirer tout ce qui était jugé offensant pour le Parti. Aujourd'hui, lance-t-il sur un ton de défi, je n'obéirais plus. Je publierais malgré les ordres. » Pour bien montrer qu'il ne fanfaronne pas, Algimantas Cekuolis exhibe un article récemment paru dans lequel il pourfend les bolcheviks qu'il qualifie de communistes extrémistes. « Il y a trois ans, pour un tel article, dit-il, j'aurais été jeté en prison ou interné dans un hôpital psychiatrique. »

À *Moscou soir*, le ton est moins enflammé. « En tant qu'organe du Comité du Parti et du Soviet de Moscou, on publie les documents et les discours qui émanent des organes de l'État et du Parti », reconnaît avec simplicité Alexandre Kouznetsov, adjoint au rédacteur en chef. C'est par le biais de chroniques et l'éventail des sujets traités, telles la criminalité, la corruption, la drogue et la prostitution, que le quotidien tirant à 650 000 exemplaires cherche à innover.

Un trait important de la presse quotidienne en Union soviétique, c'est, outre l'absence quasi totale de publicité, son faible volume ; en effet, les journaux excèdent rarement quatre pages. Quand un discours-fleuve d'un dirigeant accapare à lui seul une page ou une page et demie, il reste forcément peu d'espace pour les informations générales et internationales. Les grandes victoires dont se félicitent le plus les médias soviétiques par les temps qui courent, c'est, par exemple, d'avoir réussi à faire retraiter le gouvernement sur des projets d'implantation de nouvelles usines dans des quartiers déjà sursaturés ou encore de l'avoir obligé à se commettre en matière d'habitation. « Notre audace nous étonne nous-mêmes, confesse Mnatzakan Zohrabïah, mais il reste encore beaucoup de travail à accomplir. »

Liberté totale

Aux *Nouvelles de Moscou*, organe des sociétés soviétiques pour l'amitié et les relations culturelles avec les pays étrangers, on proteste vigoureusement à la moindre allusion de dépendance de l'hebdo à l'endroit de quelque organisme que ce soit. « Les *Nouvelles de Moscou* sont affiliées à Novosti, reconnaît Ludmila Eniutina, mais nous sommes les seuls à décider du contenu. Notre liberté est absolue. »

Le rédacteur en chef et député du peuple de l'URSS, Egor Yakovlev, est membre du Parti communiste, comme d'ailleurs Ludmila Eniutina, mais sa réputation d'esprit indépendant n'est plus à faire à Moscou. « Le franc-parler de Egor Yakovlev lui a déjà valu la perte de deux emplois, l'un aux *Izvestia* et l'autre au magazine *Journaliste*, révèle non sans fierté Ludmila Eniutina. Il n'est pas du genre à se laisser intimider. »

L'hebdomadaire, qui publie dans six pays et tire à plus d'un million d'exemplaires, veut d'ici la fin de l'année porter son nombre de pages de 16 à 24. Selon la directrice des éditions étrangères, tous les exemplaires de l'hebdo partent comme de petits pains chauds dès leur arrivée en kiosque. « En 10 minutes, tout est parti. Un sondage nous indique que nous pourrions vendre jusqu'à 12 millions d'exemplaires, mais la pénurie de papier nous interdit d'augmenter le tirage. »

Loi de la presse

L'événement le plus attendu dans les milieux journalistiques soviétiques cet automne est l'adoption, par le Soviet suprême de l'URSS, d'une loi sur la presse, dont le but est de supprimer la censure idéologique et d'encourager l'analyse critique de la société.

Mais dans ce domaine comme en tout autre, l'influence paralysante des apparatchiks est redoutée. « Les bureaucrates freinent la nouvelle loi sur la presse », déplore Alexandre Kouznetsov de *Moscou soir* qui ajoute que les lecteurs, eux, souhaitent au contraire voir la *perestroïka* prendre de la vitesse.

Toujours à hue et à dia, la *perestroïka* !

Les femmes soviétiques font marche arrière

Les femmes soviétiques font marche arrière. Elles estiment être allées trop loin dans leurs revendications féministes. Après avoir exigé et obtenu l'égalité sur le marché du travail, elles invoquent aujourd'hui des raisons jugées hier sexistes pour réclamer des tâches moins lourdes qui tiennent compte de leur condition de femme. Elles en ont soupé des métiers d'hommes.

« Après 70 ans de socialisme et de luttes pour l'égalité sexuelle, nous ne pouvons pas parler de succès. L'émancipation de la femme est un échec en Union soviétique. Nous avons remporté de grandes victoires sur l'analphabétisme et l'accès aux métiers, mais nous sommes allées trop loin. On a placé un fardeau si lourd sur les épaules des femmes qu'elles ploient sous la charge. Maintenant, on rebrousse chemin. On demande d'alléger ce fardeau. »

Cet aveu n'est pas le fruit d'un mouvement de mauvaise humeur. Il est le résultat de 75 ans de réflexion au magazine *La femme ouvrière* qui tire à 2 500 000 exemplaires. Une revue que toutes les femmes s'arrachent littéralement en Union soviétique. Une sorte de bible des filles de Lénine.

« Dans plusieurs pays occidentaux, les femmes revendiquent l'accès à des emplois dangereux réservés aux hommes. Ici, c'est le contraire, nous demandons le retrait des femmes des secteurs d'activité nuisibles à leur santé », déclare Valeria M. Basharina, éditrice adjointe à *La femme ouvrière*. Selon cette dernière, les conditions de travail dans l'industrie minière et chimique sont particulièrement préjudiciables à la femme enceinte et à son bébé. « Il y a des métiers où les femmes ne peuvent plus mettre d'enfants normaux au monde. »

Dans cette perspective, le magazine mène depuis un an une vraie bataille contre le travail de nuit et la manipulation d'objets lourds par les femmes. « Il y a ici une loi qui interdit qu'une femme soulève un poids total supérieur à sept tonnes pendant sa journée de travail. Cette limite n'est pas respectée », regrette Valeria Basharina. « Dans les briqueteries, dit-elle à titre d'exemple, les vendeuses soulèvent beaucoup plus que sept tonnes. Dans les magasins aussi. Elles peuvent manipuler en une journée des dizaines de poches de sucre et de barils d'huile de tournesol de 50 kilos chacun, des meules de fromage de 80 kilos. Elles dépassent largement le seuil permis. »

À propos du travail de nuit particulièrement répandu dans l'industrie textile, le magazine utilise les résultats d'un sondage réalisé à sa demande pour prouver que le travail de nuit est improductif et devrait être aboli. « Notre étude révèle que si l'on supprimait l'équipe de nuit et répartissait les ouvrières entre les deux équipes de jour, la production décuplerait », soutient avec énergie l'éditrice adjointe.

Des femmes partout

Mais l'une des raisons moins ouvertement avouée derrière ces demandes, ce sont les enfants demeurés la responsabilité presque exclusive des femmes et souvent seuls la nuit à la maison quand les mères sont à l'usine. « Femme au foyer, c'est un concept qui a disparu du vocabulaire soviétique, signale Valeria Basharina. Pratiquement toutes les femmes travaillent à l'extérieur. Elles représentent 51 % de la main-d'œuvre totale. »

Cette réalité n'échappe d'ailleurs à personne. Les femmes sont partout en Union soviétique. Non seulement dans les hôpitaux, les bureaux et les écoles, mais aussi dans les hôtels, les cafétérias, les restaurants, les trains, les musées, les mines, les champs, aux commandes des trolleybus, aux travaux de voirie. Dans les services, la tenue souvent négligée et l'air commun, elles exercent autour d'elles un pouvoir arbitraire et querelleur. Dans les secteurs où on les retrouve majoritairement, elles projettent trop souvent l'image de vraies « matrones du peuple ». « Les femmes sont physiquement brisées par des décennies de travaux trop lourds, explique Valeria Basharina. Depuis trop longtemps en Union soviétique, on ne voit plus en elles que des travailleuses. Tout le côté féminin a été escamoté, refoulé, nié. »

Miss Queue

C'est ce constat qui empêche *La femme ouvrière* de condamner péremptoirement les concours de beauté qui ont fait leur apparition en URSS l'an dernier. « Nous avons adopté une attitude mitoyenne, déclare l'éditrice adjointe. Nous n'avons ni approuvé ni désapprouvé. Mais pour que les femmes ne perdent pas de vue la réalité, nous avons lancé simultanément nos propres concours : Miss Travail, Miss Déficit, Miss Queue. »

Au vrai, les femmes soviétiques ne risquent guère d'oublier leur lot quotidien. Le partage des tâches entre les conjoints ne figure pas au nombre des objectifs de la *perestroïka*. Comme beaucoup de leurs consœurs dans le monde, les femmes en URSS se tapent la double et la triple tâche : le ménage, les enfants et l'usine. « Il est très difficile de changer la mentalité des hommes qui ont dépassé la trentaine, reconnaît Valeria Basharina. Seuls les jeunes hommes sont sensibles au discours féministe. Ils sont plus souples et font de plus en plus leur part à la maison. »

Outre les maris non collaborateurs, ce qui alourdit encore le fardeau des femmes soviétiques, c'est la pénurie généralisée d'appareils ménagers. « Cuisinières, frigos, laveuses, sécheuses, aspirateurs. On manque de tout, soupire la journaliste de carrière. La majorité des cuisines sont mal équipées. »

Elles ne se remarient pas

Surmenées, épuisées, les femmes soviétiques n'ont pas beaucoup de temps à consacrer à leur rôle d'épouses. « Le taux de divorce pour l'ensemble de l'Union est de l'ordre de 33%, note Valeria Basharina, mais c'est une moyenne trompeuse. La vérité, c'est que, quasi inexistant dans les républiques islamiques, le divorce est très élevé dans les républiques baltes et à Moscou. » Dans la région de la capitale, seul un mariage sur deux tient le coup. « La rupture survient la plupart du temps après le premier enfant », note un Moscovite qui précise qu'une femme sur sept seulement se remarie après un divorce.

« La maternité retarde les femmes dans leurs carrières, souligne l'éditrice adjointe du magazine féministe. Parties sur un pied d'égalité avec les hommes au sortir des études, elles arrivent rarement à se hisser aux échelons supérieurs des usines, des entreprises, des ministères ou du Parti. » Mais la carrière, c'est secondaire quand il s'agit de fonder une famille. Le problème majeur auquel se heurtent les jeunes mamans, c'est l'absence sur le marché de produits pour bébés, enchaîne Basharina. « L'alimentation pendant les deux premières années de vie de l'enfant est un véritable cauchemar pour les mères. Le marché est désert : ni lait maternisé, ni purée, ni vêtements. Et les femmes soviétiques en général n'ont pas de lait. C'est l'infime minorité qui peuvent nourrir leurs bébés. » Résultat : le taux de natalité en Union soviétique a chuté considérablement. Il n'est plus que de 1,2 enfant par couple, un taux insuffisant pour assurer le renouvellement des générations.

Sans moyens contraceptifs modernes, c'est par l'avortement que les femmes « ursses » pratiquent le contrôle des naissances. « Nous sommes les championnes incontestées de l'avortement dans les pays développés, déplore l'éditrice adjointe de *La femme ouvrière*. C'est la façon la plus barbare de faire la contraception, mais c'est la seule que nous ayons. Pilules et condoms ici, ça se trouve dans 1 pharmacie sur 10 et encore, pas toujours. »

L'an dernier, la population de la Russie fédérée est tombée sous la barre des 50% par rapport à l'ensemble de l'Union. Et qui blâme-t-on pour la dénatalité ? Les femmes qui ne veulent plus faire d'enfants, maugréent les hommes. Pour tout dire, le féminisme n'est pas très bien vu au pays de Raïssa Gorbatchev, généralement considérée comme arrogante et antipathique. Ses vêtements taillés par les grands couturiers font scandale dans un pays où les femmes, en majorité, manquent du strict nécessaire.

Retour au foyer

Cela dit, pour tenter de renverser la vapeur et redonner aux femmes le goût de la maternité, le magazine revendique le droit pour les mères de rester trois ans à la maison avec leur enfant après l'accouchement et la garantie de retrouver leur emploi au retour. « Les femmes considèrent la garderie aliénante pour les jeunes enfants, confie Valeria Basharina. Elles veulent pouvoir les élever elles-mêmes à la maison. »

Le magazine va plus loin encore ; il milite pour qu'un véritable choix soit laissé aux femmes entre le travail au foyer et le travail à l'extérieur. Selon un sondage de *La femme ouvrière*, 20 % des femmes soviétiques souhaiteraient se consacrer entièrement à leur rôle d'épouse et de mère. « Ce choix, plaide le magazine, devrait leur être offert. »

Pour Valeria Basharina, le retour d'un pourcentage de femmes au foyer n'est pas un caprice. La femme soviétique doit se réconcilier avec la féminité mise en veilleuse depuis 70 ans et ses rôles traditionnels. Mais pour les hommes que les nouvelles revendications « féministes » agacent, les femmes ne savent pas ce qu'elles veulent. Après avoir régné en maîtresses de la situation depuis la révolution, disent-ils, voilà qu'elles changent de discours et réclament des privilèges.

La religion connaît un bond prodigieux

L'Union soviétique assiste depuis le début de l'année à un véritable boom religieux. Non seulement des dizaines d'églises orthodoxes, grégoriennes, luthériennes et catholiques, fermées au culte depuis 70 ans, sont rouvertes aux fidèles, mais on en construit même de nouvelles.

« Pour l'Église, c'est la belle époque, c'est la reconstruction », déclare, au cours d'une entrevue, le Père Ioann Thernieko, curé de la cathédrale Saint-Vladimir, à Kiev, et deuxième en autorité de l'Église orthodoxe d'Ukraine. « La situation de l'Église a radicalement changé, confirme-t-il. Officiellement, l'URSS demeure un État athée, mais les églises ne sont plus anathématisées. »

« L'idée que le Parti communiste ne peut rien avoir à faire avec l'Église a été abandonnée », indique pour sa part la première secrétaire du Parti pour le district Lénine à Vilnius, en Lituanie, Janina Gagiliene. « Nous cherchons une alliance avec l'Église dans les domaines de l'éducation, de la santé, dans la lutte contre la drogue et l'alcoolisme et, de façon générale, pour hausser les standards de la moralité publique. »

Renaissance

C'est une vraie renaissance que vivent toutes les Églises en Union soviétique, en particulier l'Église orthodoxe russe, la plus répandue. « À Kiev, pendant l'époque stalinienne, raconte le Père Thernieko, l'État soviétique a détruit et fermé plus de 30 églises et cathédrales. La moitié de celles qui sont restées intactes ont été rouvertes au culte. »

À Moscou, des 450 églises qui, autrefois, projetaient la flèche de leurs clochers au-dessus des toits de la ville, 370 ont été démolies et les autres transformées en entrepôts, musées ou salles de concert. Des 80 qui ont échappé à la destruction, 50 ont été rendues à leur vocation originelle et remises en service. Le saccage des églises en URSS par les communistes est un véritable crime contre la civilisation. Seulement à l'intérieur du Kremlin, 42 des 47 églises ont été rasées. Chacune des cinq restées miraculeusement debout est un chef-d'œuvre d'architecture qui témoigne avec éclat de la grandeur de la Russie ancienne, celle d'avant 1917.

Un rescapé du Goulag

« Avant la guerre, dans la capitale lituanienne, l'Église catholique comptait 35 églises », rappelle Monseigneur Casimiras Vasilauskas, curé de la cathédrale de Vilnius rouverte au culte le 2 février de cette année après avoir abrité pendant 39 ans, de 1950 à 1989, le Musée de l'athéisme. Des 35 temples d'alors, le prêtre signale que 11 ont réussi à traverser la période stalinienne sans jamais fermer leurs portes. Présentement, 12 églises sont en service à Vilnius, une treizième est en restauration et on a commencé la construction d'une quatorzième.

À 67 ans, Monseigneur Vasilauskas, un rescapé du Goulag, est heureux de ce dénouement. Arrêté en 1949 et exilé en Sibérie, il a passé 20 ans dans les camps où il a travaillé comme mineur. « Nous vivions dans des baraques, empilés les uns sur les autres », se remémore-t-il sans trace d'amertume. Mais son plus beau souvenir, c'est sa première messe célébrée au camp deux ans après la mort de Staline. « À compter de là, dit-il, il a été possible de dire la messe sans encourir de représailles. »

Explosion de foi

Le retour à la pratique religieuse est difficile à mesurer en Union soviétique depuis le rétablissement officieux de la liberté de culte. « Nous n'avons pas de statistiques, dit Monseigneur Vasilauskas, mais l'assistance aux offices religieux croît constamment. Les gens n'ont plus peur d'être vus et dénoncés comme à l'époque où la lecture de livres pieux et la pornographie étaient considérées comme deux délits d'égale gravité. » Cela, même si le fameux Comité d'État pour les religions, sorte de police de la foi mise sur pied par Staline, n'a jamais été démantelé.

Monseigneur Vasilauskas situe autour de 30 le pourcentage de croyants dans la patrie de l'athéisme. À voir les églises partout bondées de fidèles, c'est à une explosion de foi sans précédent qu'on a l'impression d'assister. Une sorte de frénésie religieuse s'est emparée des gens qui renouvellent massivement avec les pratiques anciennes : vénération des reliques, culte des icônes, extrême déférence envers le clergé.

Le baptême en particulier, depuis peu sorti de la clandestinité, connaît une hausse phénoménale. « Le nombre de baptêmes a quadruplé, reconnaît le Père Thernieko. Des familles entières se font baptiser, des grands-parents aux nouveau-nés », précise-t-il avec une satisfaction bien contenue. Ce qui ne laisse pas d'étonner en URSS c'est, du haut en bas de l'échelle sociale, le nombre d'athées baptisés. Le numéro un soviétique lui-même, Mikhaïl Serguéévitch Gorbatchev, a reconnu publiquement avoir été fait enfant de Dieu. Comme à l'époque des catacombes à Rome, la cérémonie se déroulait à la maison dans le plus grand secret et la plus stricte intimité.

Un autre sacrement en pleine expansion est le mariage religieux. « Nous célébrons de 25 à 30 mariages par jour », révèle le Père Thernieko qui parle de la remontée fulgurante de l'Église orthodoxe comme d'une chose toute naturelle qui devait se produire un jour ou l'autre. « Quand tu as des problèmes, dit-il citant un vieux proverbe ukrainien, tu invoques le Seigneur. »

Une Église apolitique

Mais qu'elle soit orthodoxe, grégorienne, luthérienne ou catholique, l'Église en Union soviétique a le triomphe modeste, tout à la joie de sa liberté retrouvée et se gardant soigneusement d'antagoniser les autorités. « L'Église catholique de Lituanie est différente de l'Église polonaise, signale Monseigneur Vasilauskas. Elle ne se mêle pas de politique. » L'attitude résolument neutre de l'Église catholique ne l'empêche cependant pas de souhaiter la visite du pape à Vilnius l'an prochain après celle que doit effectuer Gorbatchev au Vatican. « Le pape est allé en Pologne et en Hongrie, soupire d'espoir Monseigneur Vasilauskas, peut-être viendra-il en Lituanie. »

Ces retrouvailles des Soviétiques avec la foi ne les empêchent cependant pas de continuer à rendre parallèlement un véritable culte à Lénine. Depuis la mort du père de l'athéisme en 1924, les files d'attente devant son mausolée sur la Place Rouge ne se sont pas interrompues. Les gens font la queue pendant trois ou quatre heures pour passer 30 secondes devant le corps momifié de celui que d'aucuns n'hésitent pas à comparer à Jules César ou même à Jésus-Christ. « Lénine a fait autant que les dieux pour renverser le cours de l'histoire de l'humanité », disent ses thuriféraires. Les fruits amers du socialisme, selon eux, ne sont pas le fait de Lénine, mais de ses successeurs qui ont trahi sa pensé et défiguré ses enseignements.

Malgré le retour massif des Soviétiques à la religion, Dieu ne peut pas encore crier victoire. Son vieux rival, Lénine, continue de lui mener une chaude lutte.

Analyse : la pire crise depuis octobre 1917

L'Union soviétique traverse la pire crise de son histoire depuis la grande Révolution d'octobre 1917. La situation intérieure n'a jamais été aussi grave. L'économie est au bord de l'abîme, les conflits interethniques en Arménie, en Azerbaïdjan, en Géorgie, en Ouzbékistan, au Kazakhstan et en Kirghizie risquent à tout moment de dégénérer en guerre civile, et l'intégrité du territoire est menacée par les républiques baltes qui sortiront vraisemblablement de l'Union plutôt qu'accepter de freiner leur marche vers l'autogestion et l'autodétermination.

Le couvercle danse littéralement sur la marmite soviétique. Dans l'espace socialiste, les pays satellites, la Pologne et la Hongrie en tête, sortent de l'orbite avec une facilité stupéfiante mais qui ne laisse pas d'inquiéter et, à l'intérieur, les coutures éclatent partout sur les bords des mers Baltique, Noire et Caspienne en particulier.

Le sale pacte

Sur la Baltique, les conclusions de la Commission du Soviet suprême de Lituanie déclarant nul et non avenu le Pacte de non-agression germano-soviétique de 1939 qui plaçait l'Estonie, la Lettonie et la Lituanie dans la sphère d'influence de l'URSS, ont été accueillies avec une explosion de joie le jour même du cinquantième anniversaire du traité en vertu duquel Hitler et Staline se partageaient l'Europe à l'aube de la Deuxième Guerre mondiale.

Le pacte Ribbentrop-Molotov a défrayé la conversation tout l'été dans les trois républiques baltes. Les esprits étaient survoltés et l'opinion publique en pleine effervescence. Des pétitions circulaient partout dénonçant l'entente secrète des deux dictateurs représentés bout à bout sur des affiches arborant leurs emblèmes respectifs : la svastika pour le nazi, la faucille et le marteau pour le communiste.

« Les pays baltes ne font pas fatalement partie de l'Union soviétique », déclare le président du Front populaire national de l'Estonie (FPNE), Rein Veideman. « Notre objectif en réclamant une commission d'enquête était de déterminer si les accords du 23 août et du 29 septembre 1939 sont des actes valides sur le plan juridique ou s'ils ne sont pas plutôt un marché criminel conclu entre deux dictateurs. » « Nous nous battons pour l'indépendance de la Lituanie et le droit de choisir librement le régime politique dans lequel nous voulons vivre », ajoute quant à lui Algimantas Cekuolis, représentant lituanien au premier Congrès des députés du peuple de l'URSS.

Paradoxalement, l'insistance des Baltes pour faire frapper de nullité le protocole secret qui a scellé leur annexion à l'URSS en 1940 ne s'accompagne pas d'une intention ferme et bien arrêtée de sécession. « Ce que nous voulons, c'est clarifier notre situation par rapport à Moscou et, ensuite, donner l'occasion à la population de se prononcer par voie de référendum sur son avenir politique », indique Rein Veideman. Selon ce dernier, pour que les républiques baltes puissent négocier d'égal à égal avec l'URSS les conditions de leur maintien ou de leur sortie de l'Union, il faut d'abord que le pacte de 1939 soit invalidé.

« Le peuple se prononcera vraisemblablement pour rester dans l'Union », prédit le député Cekuolis qui justifie son calcul par les liens économiques qui se sont tissés au fil des années entre les deux États. « Le marché naturel des républiques baltes, comme de la Finlande d'ailleurs, c'est l'URSS », insiste ce nationaliste pragmatique. « Si la population devait opter pour le retrait, je militerais pour le maintien », prévient-il. Aux yeux de Cekuolis, la Lituanie est un peu dans la situation de la femme kidnappée qui doit divorcer et se remarier, le cas échéant, de son plein gré pour retrouver sa dignité.

Lutte de pouvoir

Ce qui paraît ne pas faire de doute, c'est que les Baltes auront de plus en plus de difficulté désormais à accepter les remontrances de Moscou comme la mise en garde que vient de leur servir le Comité central du Parti au lendemain des manifestations qui ont marqué le cinquantième anniversaire de la signature du pacte infâmant. Et cela davantage encore s'il est vrai, comme l'affirme Rein Veideman, que « le Parti communiste n'a aucune autorité en Estonie et n'a jamais représenté les intérêts du peuple estonien ». Opinion d'ailleurs corroborée à Vilnius, en Lituanie, par nulle autre que la première secrétaire du Parti pour le district Lénine, Janina Gagiliene qui, elle, accuse le Parti communiste d'avoir usurpé le pouvoir des soviets locaux.

Le retour aussi soudain qu'imprévu de Moscou à la fermeté après des mois de laisser-dire et de laisser-faire accrédite la thèse suivant laquelle les membres de l'appareil du Parti communiste, les apparatchiks, déstabilisés après l'avènement de Gorbatchev au pouvoir, seraient en train de reprendre le contrôle du pays et de consolider leurs positions.

Toutes sortes de rumeurs concernant le sabotage de la *perestroïka* par les apparatchiks courent les rues à Moscou, Leningrad, Tallin, Vilnius, Erévan et ailleurs. L'une d'elles veut que la pénurie de savon dont souffre la capitale depuis des mois soit le résultat d'une action concertée des bureaucrates pour nuire à Gorbatchev. Sept convois de l'indispensable produit, affirme-t-on, dorment depuis des semaines sur des voies désertes paralysées par une pseudo-formalité administrative. Pendant ce temps, ajoute-t-on, les puces envahissent les garderies.

Dans le même ordre d'idée, la grève des mineurs dans le Kouzbass, en Sibérie, et le Donbass, en Ukraine, est réputée avoir été, sinon fomentée, du moins alimentée par les apparatchiks pour embarrasser Gorbatchev. Ce sont encore eux, les « hommes d'appareil », dit-on aussi, qui encouragent les conflits interethniques qui secouent le pays depuis 1986. « Ce sont les apparatchiks qui sont derrière les soulèvements », soutient l'écrivain Karen Simonian, député du peuple représentant l'Arménie au nouveau Congrès de l'URSS. « Des troubles, précise-t-il, c'est l'occasion de faire intervenir les troupes et d'imposer des mesures d'exception. »

Rien ne va plus

La dégradation constante du niveau de vie qui engendre le mécontentement et excite la colère des gens contre les dirigeants servirait également la cause des apparatchiks qui en profiteraient pour pointer sur la *perestroïka* un doigt accusateur. « Le plus inquiétant à propos de l'économie », fait observer le professeur Vladimir Kamaev de l'Université technique de Moscou, « c'est que les gens ne semblent pas très bien se rendre compte de la gravité de la situation dans le pays ».

Les pénuries, en fait, frappent de plus en plus de produits et les tickets de rationnement se multiplient. Partout, les gens font la queue, non seulement pour le savon, mais pour le saucisson, le sucre, le sel, l'huile, les allumettes, les lames de rasoir, les fermetures à glissière. Et quand ils ne font pas la queue pour cause de pénurie, ils la font pour cause d'incurie. On fait la queue pour entrer au musée, visiter une cathédrale, faire une excursion sur la Neva, acheter une boisson ou manger une bouchée, aller à la toilette. La patience est partout mise à rude épreuve. C'est la préposée au buffet froid à l'hôtel qui pèse chaque tranche de fromage en causant avec la cuisinière, la caissière d'une cafétéria à l'heure de pointe qui paralyse le service pour engueuler une cliente inattentive, la gardienne des clés à l'étage des chambres qui ferme boutique pour la pause-café, la vieille femme au guichet du musée qui vous refoule parce que vous ne visitez pas en groupe, ou encore les garçons de table qui grillent une cigarette les bras croisés en vous laissant poireauter.

L'inefficacité et la corruption ont gagné tous les secteurs d'activité. Les kolkhozes et les sovkhozes produisent à perte et insuffisamment pour nourrir le pays. Les entreprises d'État mettent sur le marché des produits dont personne n'a besoin ni envie. Les taxis refusent de rouler aux tarifs réguliers. Et les rares restaurants, toujours à moitié vides, ne vous ouvrent la porte que si vous avez une réservation. Bref, rien ne va plus au pays de Lénine. La désorganisation est totale. Des aérogares destinées aux vols intérieurs comme à Erévan sont bizarrement, dans un pays si policé, de véritables passoires où aucun contrôle de sécurité ou de passeport n'est exercé. Et les hangars à bagages, comme à Kiev, sont d'authentiques foires d'empoigne où il faut se colleter avec la foule pour attraper ses sacs. Soixante-dix ans de dictature ont fait des Soviétiques un peuple toujours prêt à jouer des coudes pour survivre.

C'est au point où le mot « superpuissance » provoque plus de sourires désabusés que de réactions de fierté. « Pour ce qui est du niveau de vie, nous ne sommes certes pas un grand pays », faisait remarquer à ce propos le professeur Kamaev qui ajoutait que « la *perestroïka*, c'est avant tout apprendre à travailler plus et mieux ».

Une tâche colossale

La tâche que s'est imposée Mikhaïl Gorbatchev est de l'avis général colossale. La *perestroïka*, quand on regarde l'état de délabrement du pays, c'est moins la restructuration que la reconstruction. Tout est à abattre et à recommencer, de la dénationalisation de la terre et de la décollectivisation des fermes à la création d'une économie de marché réintroduisant le mécanisme de la concurrence, en passant par la démocratisation du régime politique. D'aucuns l'avouent, la *perestroïka*, c'est la révolution. La dernière, espèrent les Soviétiques qui voudraient bien, eux aussi, du pain et quelques jeux.

Mais la victoire n'est pas en vue et le temps joue contre Gorbatchev. La révolution, par définition, c'est quelque chose de radical et de relativement court dans le temps. La *perestroïka* a déjà quatre ans et demi. Elle vieillit et se surprend à radoter. Si beaucoup de Soviétiques rejettent d'emblée et de toutes leurs forces toute possibilité de retour en arrière, d'autres sont moins catégoriques. Une victoire des apparatchiks, prédisent-ils, signifierait le retour à une dictature sans doute plus féroce que celle que le pays a connue sous Staline.

Une perspective qui n'a rien de réjouissant ni pour l'Est ni pour l'Ouest. Et tout cela, dans un si beau et si grand pays !

En URSS, apportez tout sauf vos petites habitudes

Le paysage qui défile à la vitesse de la locomotive est étonnamment familier. Les rangées serrées de grands pins touffus alternent avec les plantations d'érables et les îlots de bouleaux noirs, les fameux beriozkas qui ont donné leur nom aux boutiques pour étrangers. C'est le petit matin. Parti à 23 h 30 de Leningrad, le train doit entrer en gare à Tallin, capitale de l'Estonie, à 6 h 30.

Dans le compartiment, les trois autres passagers, deux Russes et une Américaine végétarienne, nostalgique de Kerenski, chef du gouvernement provisoire de la Russie de juillet à octobre 1917, dorment à poings fermés sur la banquette de cuir, bien enveloppés dans le kit de couchage des chemins de fer.

Une partie de la nuit s'est passée à réécrire l'histoire de l'Union soviétique. L'Américaine, socialiste de conviction tout à l'euphorie de la *perestroïka*, n'a cessé de spéculer sur ce que serait aujourd'hui l'URSS si Kerenski s'était maintenu au pouvoir contre les bolcheviks de Lénine.

« Kerenski et Lénine sont originaires du même patelin, intervient Alexey Lipovetsky, de l'agence de presse Novosti. Les deux sont nés à Simbirsk, sur la Volga, devenu Oulianovsk en l'honneur de Lénine, Vladimir Oulianov de son vrai nom. Alexandre et Vladimir ont fréquenté la même école. Au gymnase, ils partageaient la même table», continue celui dont la grand-mère a été une proche collaboratrice du fondateur du Parti communiste et de l'État soviétique.

Au dehors, de Moscou à Vilnius, en Lituanie, en passant par Leningrad, le paysage d'épaisses forêts et de riche verdure se répète. À l'intérieur, les compartiments, convenables sans être ultraconfortables, peuvent loger de deux à quatre personnes. Une petite table installée contre la fenêtre entre les banquettes permet aux passagers de casser la croûte. Malgré la disparition du samovar qui a cédé la place à la bouilloire électrique dans les wagons, le thé fait toujours partie du voyage. Les passagers sirotent l'infusion en s'échangeant les journaux, la *Pravda* contre les *Izvestia*, *Troud* contre *Soviet Estonia*. Entre Tallin et Vilnius, un Biélorusse qui vient d'enterrer son frère sort ses photos de famille. Ils étaient jeunes les frangins à cette époque-là. Ils doivent être nés avec la Révolution.

On coupe le papier en quatre

Le fait de se retrouver quatre étrangers dans le même compartiment ne gêne personne. Chacun fait sa petite affaire le plus discrètement possible. Le grand désagrément des trains soviétiques, ce sont les toilettes. Il faut bien regarder où on met le pied et avoir fait bonne provision de papier. Tout ce qui s'appelle papier d'ailleurs en URSS est d'une extrême rareté : qu'il s'agisse de papier ou de serviettes hygiéniques, de mouchoirs ou de serviettes. À la salle à manger ou au restaurant, on coupe en quatre les serviettes de papier tellement il faut économiser.

Hormis ces petits désagréments, voyager en train en Union soviétique est somme toute agréable et les tarifs sont abordables. Le trajet Moscou-Leningrad dans un compartiment à deux places coûte 37 roubles (65 $) ; il n'en coûtera, par contre, que 21 roubles (38 $) pour un parcours presque deux fois plus long entre Tallin et Vilnius si vous acceptez de dormir à quatre.

Les tarifs aériens sont tout aussi raisonnables. Le vol de deux heures et demie qui relie Kiev, en Ukraine, à Erévan, capitale de l'Arménie, coûte 38 roubles (68 $). Le service, il est vrai, est déficient. Entre Kiev et Erévan, l'hôtesse ne passera qu'une fois pour offrir un verre d'eau aux passagers.

Mais la grande surprise de ces vols n'est pas tant l'absence de service, généralisée en URSS, que le désordre des départs presque toujours retardés de quelques heures. Quand les Soviétiques voyagent, on a l'impression qu'ils déménagent tant ils emportent avec eux de colis et de malles. Les bagages, approximativement pesés, sont souvent expédiés dans une atmosphère de confusion. L'étonnant, c'est de voir les appareils lever malgré l'apparente surcharge et de retrouver ses valises à l'arrivée.

L'indiscipline est un trait caractéristique des Soviétiques. Dans les avions, les passagers, pour une bonne part, n'attachent pas leur ceinture et ne redressent pas le dossier de leur siège au décollage et à l'atterrissage. Tout comme au sol, les conducteurs d'automobiles font des demi-tours en pleine rue.

Ne cherchez pas le bouchon

Comme dans les avions, le service dans les hôtels laisse à désirer. Le ménage des chambres est sans doute le plus vite expédié au monde: on rabat les couvertures et ne change les draps qu'aux trois ou quatre jours. Hormis quelques établissements de construction récente ou de grand luxe comme le Mejdou à Moscou, la plupart des hôtels réservés aux étrangers souffrent d'un manque chronique d'entretien.

La grande déception est cependant presque infailliblement la salle de bains. Outre les serviettes râpées et le papier hygiénique qu'il faut économiser, il y a le savon distribué avec une rare parcimonie. Une fois vos cinq grammes épuisés, la savonnette ne sera plus remplacée à moins que vous ne l'exigiez. Le bouchon du lavabo ou de la baignoire est l'autre grand absent de la salle de bains dont la plomberie accuse presque toujours des signes inquiétants de vétusté. Les voyageurs habitués aux petits lavages quotidiens doivent user d'ingéniosité pour remplacer le bouchon.

Ces petits inconvénients ne se reflètent guère dans le prix des chambres dont les tarifs varient entre 50 et 60 roubles par jour (entre 90$ et 110$). Une somme assez importante pour une chambre au mobilier défraîchi et aux cabinets sous-approvisionnés.

Des repas frugaux

Pas d'excès de confort et pas d'excès de table non plus. À la cafétéria de l'Hôtel Rossiya, à Moscou, le buffet froid n'invite pas aux abus. Pain, fromage, saucisson, esturgeon fumé, morceaux de poulet froid une fois sur deux, voilà tout le choix. Sauf dans les républiques baltes, les hôtels proposent rarement plus de deux plats même si le menu des salles à manger s'étale sur deux pages ; comme les restaurants, ils exigent des réservations. Si vous n'en avez pas, l'accès vous sera généralement refusé même si l'établissement est à moitié vide. Seuls les voyageurs en groupe n'ont pas de problème avec les repas. Toujours attendus, ils sont servis partout en priorité.

Mais on peut bien manger en Union soviétique. Pour cela, il faut pouvoir payer en dollars ou en marks allemands. Les restaurants coopératifs offrent en effet des menus où ne se lit nulle trace de pénurie. Au contraire, c'est l'abondance. Délicieux ces repas, et salée la note qui représente à peu près la moitié du salaire mensuel moyen d'un Soviétique : 110 roubles (200 $) ; voilà ce que peut coûter un repas pour deux personnes. Du luxe, même pour un Occidental.

Entre le boulier et la fusée, l'URSS est un pays de paradoxes

L'Union soviétique, superpuissance militaire capable d'anéantir la planète en l'espace de quelques secondes, vit encore aujourd'hui à l'ère du boulier. Dans les établissements commerciaux, la tablette à calculer, qui a vu le jour dans l'Antiquité, côtoie la première génération de caisses enregistreuses dont la seule fonction semble se réduire au tiroir pour le rangement des kopecks et des roubles.

Pays de paradoxes que l'URSS ! Surdéveloppé en matière d'armement et d'exploration spatiale, il a une infrastructure économique de pays sous-développé. Le plus grand État au monde en superficie et l'un des plus riches en ressources naturelles, il ne réussit pas à nourrir et à vêtir convenablement ses 300 millions d'habitants qui affichent l'un des niveaux de vie les plus bas du monde développé.

Cette situation n'a rien à voir avec les Soviétiques eux-mêmes. S'ils sont assez ingénieux pour construire des missiles et des fusées, ils sont certainement tout aussi capables de produire des machines et des outils pour la ferme et l'industrie. Ce qui rend les efforts des Soviétiques inefficaces, c'est le sous-équipement et l'organisation du travail. Tout se fait manuellement sans soutien technologique.

Dans les hôtels, les préposées à l'entretien vont et viennent courbées sur leurs vieilles vadrouilles, l'éternel chiffon à la main. Les rues sont nettoyées comme au début du siècle et, dans les magasins et les cafétérias, le boulier et la paperasse sont d'un anachronisme renversant à une époque où toute société soi-disant industrialisée est, par définition, un brin mécanisée et informatisée.

Un pays frustrant

Mais l'Union soviétique ne fait rien comme les autres. Les heures d'ouverture des établissements dépendent souvent des employés. À l'Hôtel Intourist, à Moscou, qui reçoit surtout des étrangers et transige en devises, le garçon, aux heures de pause, ferme le robinet à bière au nez des clients. Sourd à toutes les supplications, il reste assis sans broncher devant le petit écran jusqu'à ce que l'heure ait sonné de reprendre son service. Trouver un authentique samovar à Moscou peut aussi se révéler un vrai tour de force. Si après de multiples et infructueuses démarches, vous réussissez enfin à en dénicher un dans une boutique d'occasion, il vous faudra encore compter avec l'humeur du marchand. S'il n'a pas la tête aux affaires ce jour-là, il vous enverra promener en vous opposant un *niet* sans réplique.

Le magasinage pour trouver une caméra est une autre expérience révélatrice de la société soviétique de consommation. Dans tous les magasins, toujours les deux mêmes modèles : l'un qui marche, l'autre défectueux. Seize roubles (30 $), ce n'est peut-être pas cher, mais l'appareil, il faut bien le dire, n'a rien de la sophistication japonaise. La découverte la plus inattendue demeure malgré tout la pellicule photographique qui, en URSS, se vend en vrac, plutôt qu'en bobine comme partout ailleurs dans le monde. Chacun doit fabriquer ses propres cassettes. Et l'une des curiosités pour un étranger est de regarder un photographe professionnel enrouler sa pellicule, les yeux levés au ciel et les doigts travaillant machinalement sous un épais drap noir. Ils sont devenus si habiles à ce petit manège qu'ils ne prennent guère plus de temps à recharger leur caméra que nous avec nos rouleaux tout prêts.

Là où l'URSS donne la vraie mesure de son manque d'organisation, c'est au musée. En pleine période estivale, au moment où les touristes affluent de toutes les républiques à Moscou et Leningrad pour visiter le Kremlin, l'Ermitage, Pavlovsk et Petrodvorets, les palais des tsars Paul et Pierre le Grand, ou encore les Lieux saints de l'Église orthodoxe russe à Zagorsk, les guichets restent pour la plupart fermés. Pour acheter son billet, le visiteur doit faire la queue devant le rare guichet ouvert généralement tenu par une vieille dame qui a gagné ses galons dans le Parti. Jamais d'entrée continue. On laisse passer un groupe et son guide, puis on intercepte les autres. Les visiteurs seuls n'ont tout simplement pas de chance. À Petrodvorets, il a fallu arracher une autorisation écrite du directeur pour franchir le seuil de la royale demeure détruite en grande partie par les Nazis et reconstruite après la guerre.

Et pourtant...

Dans l'ensemble, à l'exception des beriozkas (bouleaux noirs) pour les étrangers, les magasins et les comptoirs d'alimentation en URSS offrent un aspect déprimant. Façades abîmées, vitrines moches et à moitié vides. Rien pour réjouir l'œil. Rien non plus pour flatter les narines et exciter les papilles dans les comptoirs d'alimentation. Non climatisées, les halles, surtout l'été, exhalent des effluves qui n'invitent pas à la flânerie.

Les étalages de marchandises donnent aussi dans le terne. Des rangées de manteaux sombres garnis de collets d'astrakan aux boucles de plastique et aux colliers de billes colorées. Rien n'est fait pour rompre la morosité.

Et pourtant, Moscou comme Leningrad ont au départ toutes les caractéristiques des grandes villes. La route de 160 kilomètres qui encercle la capitale est large et moderne. Le métro, dont la première station a été construite sous Staline en 1936, est unique avec ses escaliers plongeants éclairés de magnifiques réverbères et ses dizaines de sculptures toutes plus impressionnantes les unes que les autres par leur taille et leur symbolique. Les trains, d'une grande régularité, passent aux 40 secondes. Pas de queue sur les quais. Ça roule!

Les paradoxes font partie de l'univers soviétique. Un pays fait pour être grand et qui n'est petit que parce que ses dictateurs en ont décidé ainsi.

L'un des plus remarquables monuments de l'architecture russe, la cathédrale Basile-le-Bienheureux est le principal point d'intérêt des touristes sur la Place Rouge.

Placés dans des présentoirs vitrés, les grands journaux sont abondamment lus par la population de l'URSS. Les journalistes soviétiques ont toujours rêvé de pouvoir un jour travailler comme en Occident. La glasnost *leur permet de réaliser ce rêve. Mais ils ont du mal à prendre le virage. Ils n'ont pas l'habitude de la vérité.*

Le temps perdu à faire la queue en Union soviétique est phénoménal. Des queues se forment partout, parfois sans raison évidente.

Faisant deux kilomètres et demi, le GOUM, en face du Kremlin, est le plus gros magasin de Moscou.

Ancien palais d'hiver des tsars aujourd'hui transformé en musée, l'Ermitage est à Leningrad ce que le Louvre est à Paris.

À Vilnius, capitale de la Lituanie, des pétitions ont circulé tout l'été dernier dénonçant le pacte Ribbentrop-Molotov qui a entraîné l'annexion forcée à l'URSS des trois États de la Baltique.

COMPOSÉ AUX ATELIERS
GRAPHITI BARBEAU, TREMBLAY INC.
SAINTE-MARIE-DE-BEAUCE

Achevé d'imprimer
en juin 1990 sur les presses
des Ateliers Graphiques Marc Veilleux Inc.
Cap-Saint-Ignace, Qué.